DESIGN
EDITORIAL
DE REVISTA

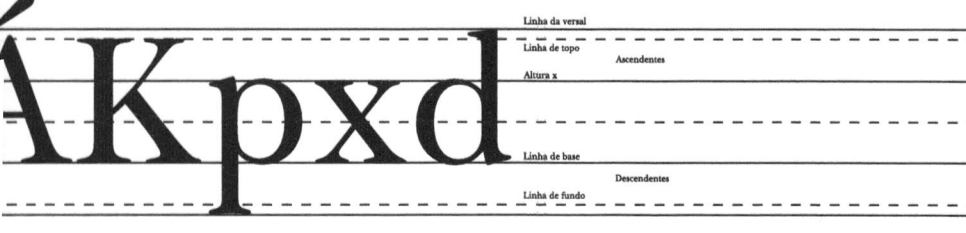

 Os livros dedicados à área de Design têm projetos que reproduzem o visual de movimentos históricos. Neste módulo, as aberturas de partes e capítulos com estudos de proporção e diagramas de construção fazem menção aos estudos tipográficos clássicos, que pautam até hoje a construção de tipos e páginas de livros.

DESIGN EDITORIAL DE REVISTA

Erika Amaro Rocha

Rua Clara Vendramin, 58 . Mossunguê . CEP 81200-170 . Curitiba . PR . Brasil
Fone: (41) 2106-4170 . www.intersaberes.com . editora@intersaberes.com

Conselho editorial
Dr. Alexandre Coutinho Pagliarini
Dr.ª Elena Godoy
Dr. Neri dos Santos
Dr. Ulf Gregor Baranow

Editora-chefe
Lindsay Azambuja

Gerente editorial
Ariadne Nunes Wenger

Assistente editorial
Daniela Viroli Pereira Pinto

Edição de texto
Caroline Rabelo Gomes
Natasha Suelen Ramos de Saboredo
Novotexto

Capa
Iná Trigo (design)
Igor Vitkovskiy/Shutterstock (imagem)

Projeto gráfico
Bruno Palma e Silva

Diagramação
Bruno Palma e Silva

Equipe de design
Iná Trigo
Charles L. da Silva

Iconografia
Maria Elisa Sonda
Regina Claudia Cruz Prestes

Dados Internacionais de Catalogação na Publicação (CIP)
(Câmara Brasileira do Livro, SP, Brasil)

Rocha, Erika Amaro
  Design editorial de revista/Erika Amaro Rocha. Curitiba: InterSaberes, 2022.
  Bibliografia.
  ISBN 978-65-5517-135-8

  1. Diagramação de revistas 2. Editoração eletrônica 3. Layout (Impressão) 4. Projeto gráfico (Tipografia) 5. Revistas – Design I. Título.

22-111066   CDD-686.2252

Índices para catálogo sistemático:
1. Revista: Design editorial   686.2252

Cibele Maria Dias – Bibliotecária – CRB-8/9427

1ª edição, 2022.
Foi feito o depósito legal.
Informamos que é de inteira responsabilidade da autora a emissão de conceitos.
Nenhuma parte desta publicação poderá ser reproduzida por qualquer meio ou forma sem a prévia autorização da Editora InterSaberes.
A violação dos direitos autorais é crime estabelecido na Lei n. 9.610/1998 e punido pelo art. 184 do Código Penal.

SUMÁRIO

Apresentação **8**
Como aproveitar ao máximo este livro **12**

1 **História da arte, da comunicação e do design** **18**
    1.1 História da arte **19**
    1.2 História do design **30**
    1.3 Especialidades do design **34**

2 **Introdução ao design editorial de revista** **52**
    2.1 Design e industrialização **54**
    2.2 Design e sociedade **57**
    2.3 Design editorial **58**
    2.4 Produção editorial **69**
    2.5 Produção gráfica **73**
    2.6 Projeto gráfico **75**

3 **Elementos do projeto gráfico I** 88

   3.1 Escâner 89

   3.2 Resolução 92

   3.3 Tipografia 94

   3.4 Lauda 101

   3.5 Papel 103

   3.6 Cor 109

4 **Elementos do projeto gráfico II** 126

   4.1 Ponto 127

   4.2 Linha 128

   4.3 Formas geométricas 129

   4.4 Logo e logotipo 131

   4.5 Diagramação 131

   4.6 Iconografia 139

   4.7 Elaboração de espelho ou boneca 140

   4.8 Arte final 141

   4.9 Processo de revisão 147

   4.10 Síntese da produção de uma revista 150

   4.11 Orçamento 157

5 **Processos de produção gráfica** 162

   5.1 Editoração eletrônica 163

   5.2 Pré-impressão 168

   5.3 Impressão convencional e digital 170

   5.4 Acabamento gráfico 180

   5.5 Logística e distribuição 190

   5.6 Revista digital 191

6 **Outros conceitos para periódicos** 198
   6.1 Relação entre revistas digital e comercial 199
   6.2 A comunicação e o tempo 201
   6.3 Revista digital como ferramenta de publicidade 206
   6.4 *Marketing* editorial 212
   6.5 Inovação 216
   6.6 Sustentabilidade 217
   6.7 Revistas que sofreram mudanças com o tempo 223

Considerações finais 228
Referências 232
Sobre a autora 242

APRESENTAÇÃO

Nos últimos anos, o design, como profissão, passou a compor todos os ramos de atividades da sociedade. A trajetória do profissional dessa área, o designer, está intrinsecamente ligada à arte, à história e à comunicação, e tornou-se particularmente conhecida após a Revolução Industrial.

Nesta obra, buscamos demonstrar o processo de planejamento e desenvolvimento de uma revista, a fim de esclarecer como se chega ao formato que encontramos nas bancas. Trata-se de um veículo que requer um complexo processo de pesquisa e tomada de decisão, algo que exige conhecimentos de elementos que fazem parte do processo de produção e das premissas que o envolvem.

Primeiramente, apresentaremos conceitos culturais e informativos referentes à arte e à comunicação, indicando elementos e pessoas que fizeram parte do desenvolvimento da revista no Brasil e no mundo. Na sequência, esclareceremos o que é o projeto gráfico.

O projeto gráfico é a revista em si. Trata-se de um processo que conta com etapas de produção editorial, produção gráfica, criação e métodos até a entrega da revista em banca.

No estudo do projeto gráfico, destacaremos a importância do papel, das cores e suas influências e processos (sejam manuais, sejam eletrônicos) de editoração e diagramação. Abordaremos, ainda, a fotografia e suas representações, a linha, o ponto e a integração desses elementos na formação do projeto visual e na comunicação com o leitor e o papel do profissional nesse contexto para a construção de uma revista.

Esses conhecimentos são muito importantes e conferem ao designer o acompanhamento de todo o processo. Por isso, demonstraremos tudo o que compõe suas possibilidades e os elementos integrantes de uma revista. Além disso, comentaremos sobre o orçamento, a pré-impressão e a impressão.

Nesse contexto, o designer pode atuar em conjunto, em uma empresa ou, até mesmo, ser um empreendedor, na busca pelo próprio negócio. Recomendamos aos estudantes que pratiquem, observem e questionem o que pode ser melhorado.

Em resumo, a formação do designer deve se ater ao seu perfil profissional, contemplando as seguintes características: diferentes linguagens, características e criações de comunicação para diversos meios; pesquisa, análise, interpretação e elaboração de ideias e fatos; conhecimento, aplicação e utilização de leis e regulamentos específicos da área; comunicação e negociação com fornecedores; planejamento e gerenciamento de processos de produção; e visão de inovação e de empreendedorismo. Por isso, é importante compreendermos o design no meio industrial, governamental e na comunidade, com a valorização e o reconhecimento do profissional da área, de modo a produzir conhecimento inovador e transformador.

Bons estudos!

COMO APROVEITAR AO MÁXIMO ESTE LIVRO

Empregamos nesta obra recursos que visam enriquecer seu aprendizado, facilitar a compreensão dos conteúdos e tornar a leitura mais dinâmica. Conheça a seguir cada uma dessas ferramentas e saiba como elas estão distribuídas no decorrer deste livro para bem aproveitá-las.

INTRODUÇÃO DO CAPÍTULO

Logo na abertura do capítulo, informamos os temas de estudo e os objetivos de aprendizagem que serão nele abrangidos, fazendo considerações preliminares sobre as temáticas em foco.

PARA SABER MAIS

Sugerimos a leitura de diferentes conteúdos digitais e impressos para que você aprofunde sua aprendizagem e siga buscando conhecimento.

IMPORTANTE!
Algumas das informações centrais para a compreensão da obra aparecem nesta seção. Aproveite para refletir sobre os conteúdos apresentados.

PRESTE ATENÇÃO!
Apresentamos informações complementares a respeito do assunto que está sendo tratado.

MÃOS À OBRA
Nesta seção, propomos atividades práticas com o propósito de estender os conhecimentos assimilados no estudo do capítulo, transpondo os limites da teoria.

SÍNTESE

Ao final de cada capítulo, relacionamos as principais informações nele abordadas a fim de que você avalie as conclusões a que chegou, confirmando-as ou redefinindo-as.

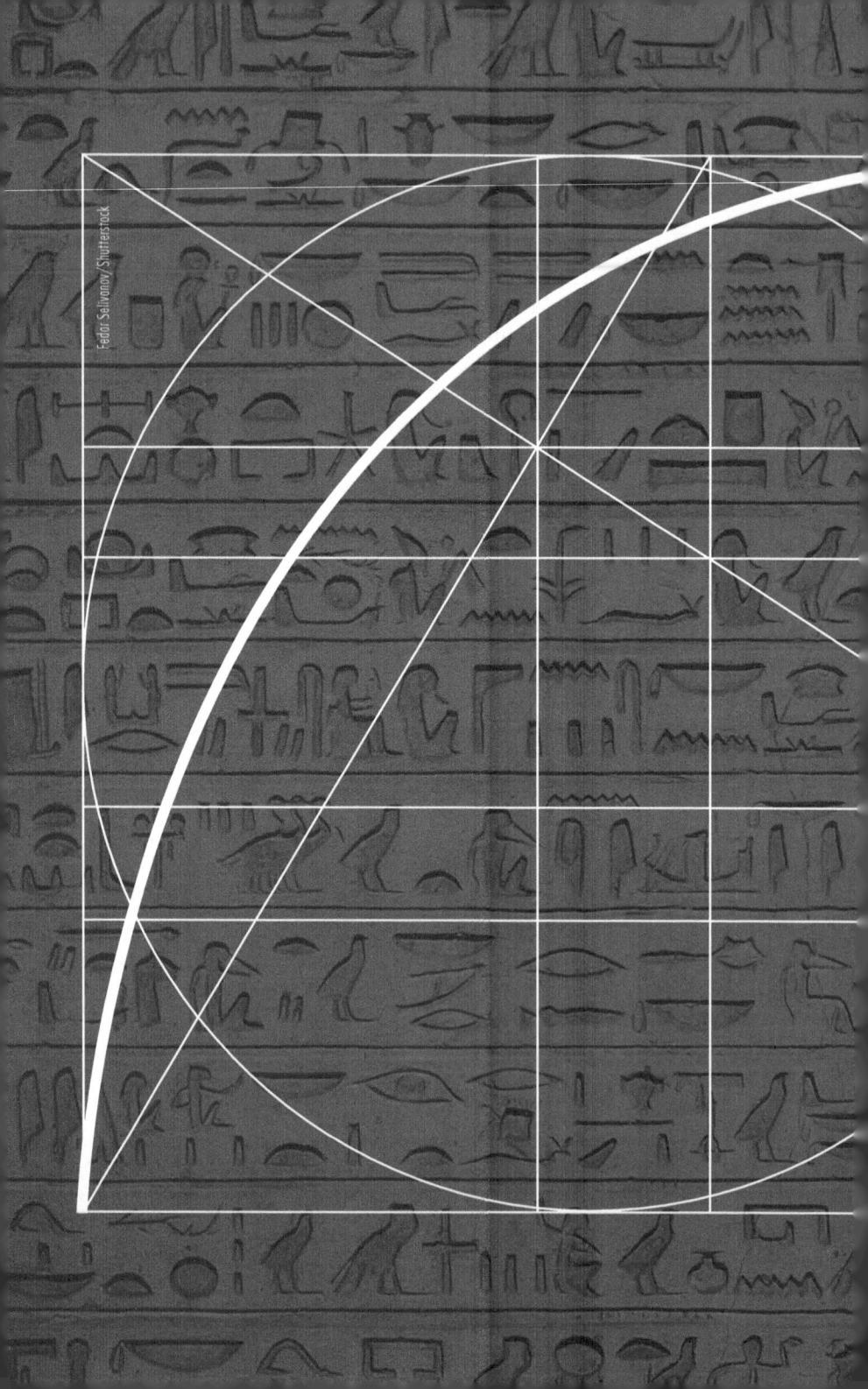
Fedor Selivanov/Shutterstock

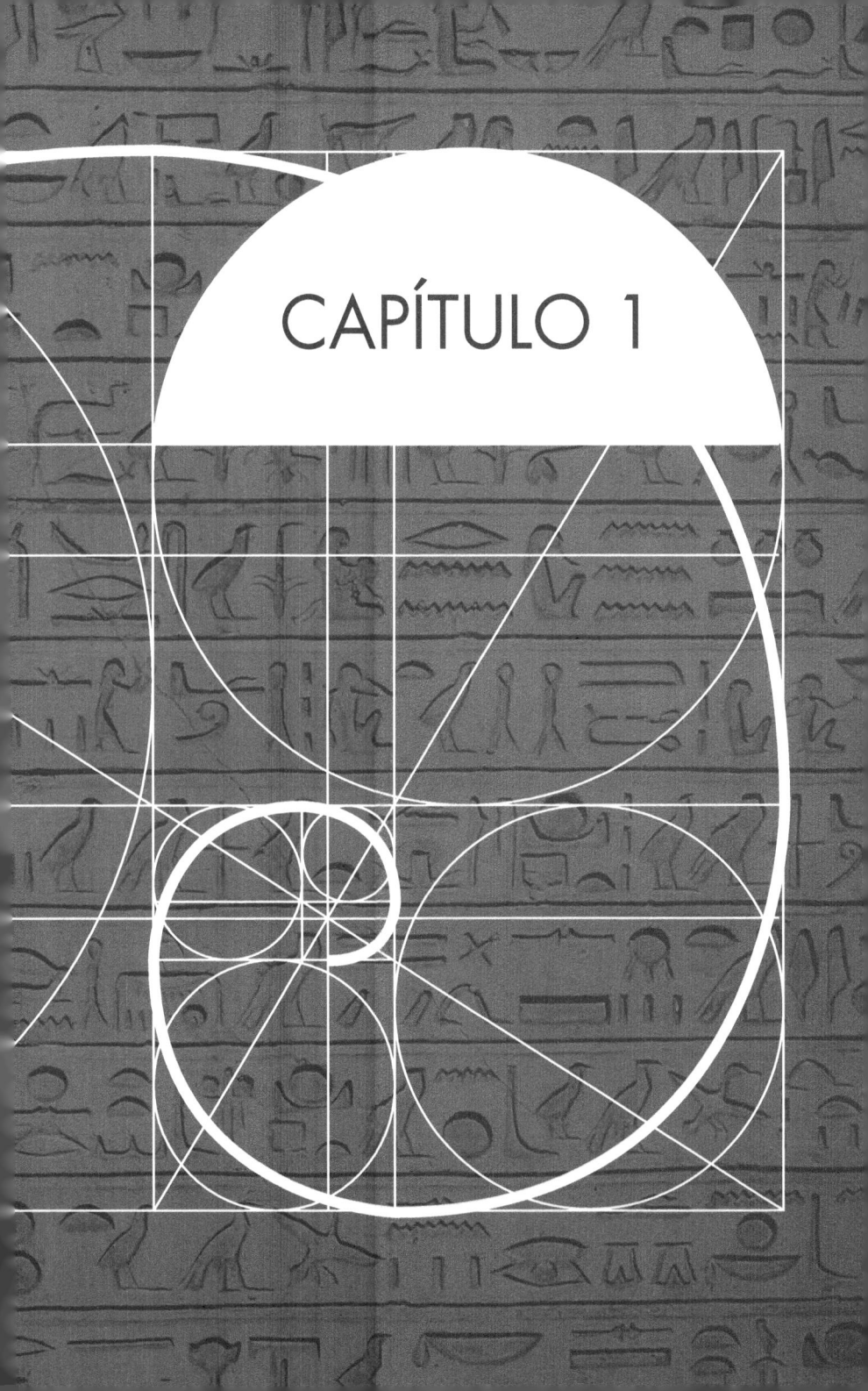
CAPÍTULO 1

HISTÓRIA DA ARTE, DA COMUNICAÇÃO E DO DESIGN

Neste capítulo, apresentaremos uma breve contextualização histórica da arte, da comunicação e do design, a fim de esclarecer como chegamos à atualidade e à formação do design de revista. Na sequência, abordaremos os principais elementos do projeto de revistas, entre os quais o projeto gráfico (*layout*, editoração eletrônica e diagramação).

1.1 História da arte

A arte sempre esteve presente na história da humanidade, em diferentes manifestações e expressões. Quem não se lembra de aprender na escola sobre os homens das cavernas e a arte rupestre?

Marques (2016, p.1), em um artigo sobre o ensino de Arte, "identifica a arte rupestre como meio de comunicação entre pré-históricos", o que nos permite "conhecer um pouco mais da nossa própria história e da nossa própria arte".

> A arte rupestre é reconhecida como uma das mais antigas manifestações estéticas do homem ao longo de toda sua história. O termo rupestre vem do francês e significa "gravação" ou "traçado", fazendo referência direta às técnicas empregadas nas pinturas que representam esse tipo de expressão artística. Encontrada geralmente nas paredes das cavernas e em pequenas esculturas, a arte rupestre tem grande importância na busca de informações sobre o cotidiano do homem pré-histórico. A Arte Rupestre é um importante acervo de informações relacionadas ao homem pré-histórico, é através desta arte que podemos conhecer melhor suas manifestações culturais, pois cada figura tem uma representação simbólica, como figuras femininas, ventre e seios volumosos, que provavelmente simbolizavam a natureza da vida. (Marques, 2016, p. 21-22)

A história da arte é imprescindível à formação do designer, visto que o leva a desenvolver, por meio de períodos e obras de arte, um pensamento crítico relacionado à comunicação, ao conceitual, a releituras que serão aplicadas em seus projetos. Dessa maneira, é fornecido o subsídio necessário à compreensão ampla de seu tempo e localização, de forma que o profissional aprenda a utilizar palavras, signos, bem como outros tipos de representação e métodos de expressão, de modo a interferir conscientemente na comunicação e na produção de revistas.

A história da arte está dividida em períodos, que são estudados, até hoje, por diversos historiadores, antropólogos e geólogos. Proença (1998), em seu livro *História da arte*, promove um estudo aprofundado de todos os períodos, da Pré-História ao Pós-Modernismo, e apresenta algumas de suas obras para ilustrar esse conhecimento. Entre os períodos elencados pelo autor, destacamos os mais relevantes. Vamos conferi-los nas seções a seguir.

1.1.1 Pré-História

A Pré-História é o período mais longo da história da humanidade. Nessa época, rochas, argilas e outros elementos da natureza foram utilizados para a pintura e a elaboração de esculturas.

Trata-se de um período dividido da seguinte forma: Paleolítico Inferior (500 000 a.C.), Paleolítico Superior (30 000 a.C.) e Neolítico (10 000 a.C.).

Paleolítico Inferior

Pouco se sabe do homem das cavernas desse período. Pesquisas e artigos relatam que era mais contido. Como era nômade, sua sobrevivência se baseava na natureza. Nesse período, desencadeou-se, por exemplo, os processos de descobrimento do fogo e de realização de registros, este muito relevante para a comunicação visual e o desenvolvimento da escrita em si.

Paleolítico Superior

De acordo com Proença (1998), pesquisadores apontam que as primeiras manifestações artísticas datam desse período. Elas foram encontradas em cavernas na Espanha, com traços realizados em paredes de argila. Um aspecto dessa época é a capacidade dos criadores de interpretar a natureza – ou seja, aplicavam o que chamamos, atualmente, de *desenho de observação*.

Neolítico

É conhecido também como *Idade da Pedra Polida*, em razão do polimento das pedras em forma de instrumentos. Nesse período, houve o início da agricultura e da fixação do homem em um único lugar, o que permitiu a descoberta do fogo e a invenção da cerâmica e das primeiras moradias. Esse período teve reflexo na arte: surgiu a primeira forma de expressão, a escrita pictográfica, que representava seres e ideias por meio de desenhos.

Nesse período, a comunicação era realizada mediante desenhos. Atualmente, em uma revista, podemos utilizar desenhos e imagens que se comunicam sem a menção do texto.

1.1.2 **Egito Antigo**

O Egito Antigo (5500 a.C.-646) também teve forte influência no desenvolvimento das artes e do design. São ricos os detalhes da sua organização social e cultural e de sua escrita. A religião foi seu principal aspecto no que se refere à evolução social, conforme descreve Proença (1998, p. 17): "A religião invadiu toda a vida egípcia, interpretando o universo, justificando sua organização social e política, determinando o papel de cada classe social e, consequentemente, orientando toda a produção artística desse povo".

1.1.3 **Grécia Antiga**

A Grécia Antiga (1400 a.C.-476) foi muito importante nos quesitos organizacional, social e comercial, além de ter influenciado muito a arte, que passou a ser mais livre. Suas contribuições contemplam a arquitetura e os estudos geométricos, com as conhecidas e famosas esculturas gregas em adoração aos deuses, cujas formas eram bem definidas; e com as colunas gregas, cujas formas são geométricas. Nessa época, a Grécia era composta de cidades-estados, as quais são amplamente estudadas em diversos cursos de graduação. As criações artísticas são admiradas até hoje, como as colunas gregas, estudadas nas áreas de artes e arquitetura.

Sua principal contribuição foi para a escultura, com passagens pela pintura, pela cerâmica e pela arquitetura. A forma humana, na escultura, chama atenção pela beleza, pela perfeição e pelo culto ao corpo. O teatro também recebeu uma contribuição importante nesse período.

1.1.4 Roma Antiga

Por volta de 753 a.C., Roma emergiu sob forte influência dos gregos, que ocuparam uma parte da Itália. O maior legado foi o uso do arco nas construções. Na arte romana, há forte presença da cultura grega na arquitetura e na construção de moradias. Nos templos, por serem mais elevados, essa presença se intensifica com a construção de escadarias. Percebemos, dessa forma, a existência de certo domínio de espaço, de arquitetura e de engenharia. Outras influências podem ser identificadas na escultura e na pintura: eram utilizados muito gesso e muita tinta, com o intuito de provocar sensações de movimento.

Fez parte dessa época o Império Romano, sobre o qual costumamos estudar no ensino médio.

1.1.5 Império Bizantino

Trata-se do Império Romano do Oriente (330-1453), após sua separação em duas partes (oriental e ocidental). Bizâncio, a sede do Império, era colônia grega, o que explica a forte influência desse povo em seus costumes. A religião comandava esse período, e seus sacerdotes regiam a arte. Por isso, observamos, no período, muitas construções de igrejas, além de artes e joias religiosas em geral, como esculturas de santos. Alguns desses artefatos podem ser encontrados, atualmente, em igrejas de toda a Europa.

1.1.6 **Idade Média**

Durante a Idade Média (476-1520), surgiu o estilo tipográfico **gótico**. Quem não conhece ou já não ouviu falar da tipologia gótica? Quem estuda ou se interessa pela área de design certamente já a observou em programas como Word, InDesign etc.

Nessa época, a economia, fundada no comércio, mudou-se do campo para a cidade, transformando a sociedade mais uma vez e, como não poderia deixar ser, a arte também. A arquitetura, novamente, passou a ser muito influenciada por arcos ogivais.

Os manuscritos, que eram os livros da época, eram produzidos de forma artesanal e trabalhosa em ateliês e oficinas dos mosteiros. As folhas de velino, material utilizado como suporte para os manuscritos, eram cortadas no tamanho do livro. Os copistas escreviam os textos nas páginas e deixavam espaços para os ilustradores, cujo trabalho ficou conhecido como *iluminura*. Um exemplo de manuscrito é o *Soltério de Ingerborg*, datado de, aproximadamente, 1195. Trata-se de uma coletânea de Salmos. Assim, iniciou-se a produção de mais Bíblias com o uso de papel velino (papel liso, fino, quase transparente, não produzido mecanicamente). Somente obras especiais recebiam esse papel.

1.1.7 **Idade Contemporânea**

A partir desse período, começaram a surgir os movimentos que impactaram diretamente o design de revista, como a Arte Nouveau, o impressionismo, a arte moderna e o Bauhaus, os quais apresentaremos a seguir.

Movimento das Artes e Ofícios e a Arte Nouveau

O Movimento das Artes e Ofícios teve grande importância para a arte e para o design. Nesse período, grandes críticos, como John Ruskin, propuseram uma volta à tradição artesanal, pois o homem estava evoluindo junto com as máquinas. Com essa nova geração de artesãos, houve a popularização e a concepção de um novo tipo de desenho.

Vasconcelos (2012) afirma que, em 1835, o governo britânico, ciente da importância de se promover manufaturas de qualidade, ao elevar o nível industrial, concluiu que era necessário estabelecer as escolas de desenho. Essa interação visava melhorar a manufatura da industrialização por meio do *design* – foi nesse período que o termo surgiu.

Design é uma palavra de origem inglesa, conforme afirma Cardoso (2000) em seu livro *Uma introdução à história do design*. Acredita-se que venha da forma latina *designare*, que significa "desenvolver", "projetar". Digamos, com base nessa definição, que o design de revista deva projetar páginas.

Morris, um poeta, designer, romancista, tradutor e ativista inglês, pôs em prática a arquitetura de objetos para a vida diária, observando que era difícil conciliar o consumo crescente e a produção artesanal. Assim, deu origem ao movimento *Arts and Crafts Movements* (em português, Movimento das Artes e Ofícios).

No século XIX, o Movimento das Artes e Ofícios, ao se difundir pela Europa, recebeu diversos nomes. Na França, foi chamado de *Modern Style* ou *Art Nouveau*, enquanto na Alemanha – país com grande influência da imprensa e da comunicação sobre a produção editorial – foi denominado *Jugendstil*. Seu conhecimento influenciou as artes em geral: o desenho, a pintura e a gravura. Os livros ganharam ilustrações mais expressivas, como é o caso do livro infantil de Kate Greenaway, que criou diversos desenhos e ilustrações, além de ilustrar revistas da época.

Mais tarde, a Art Nouveau também chegou à América. Nessa época, a revista era parte das artes gráficas e estava muito ligada à publicidade, como era o caso a Revista *Fon-Fon*. No mercado europeu, muitas revistas foram difundidas – aqueles que podiam cruzar o oceano traziam as novidades.

Após esse movimento, vieram diversos outros, como o impressionismo e o Bauhaus, também relevantes para o design de revista.

Impressionismo

O impressionismo revolucionou a pintura em diversos aspectos: na observação e na representação dos objetos; nas técnicas; e na tendência de cores, de luz e de sombra. Seu maior representante foi Claude Monet, com a obra *Mulheres no Jardim*. Nessa época, também se destacou a técnica do pontilhismo, que é a composição de imagens com pontos, e a fotográfica, elemento importante para o design gráfico. Entrando no século XX, a partir de 1901, surgiram diversos outros movimentos artísticos, tendências, técnicas e processos até chegarmos à sociedade industrial.

PARA SABER MAIS

Oscar Claude Monet foi um pintor francês impressionista com passagem também pela arte moderna e pelo realismo. Nasceu em 14 de novembro de 1840, em Paris, e faleceu em 5 de dezembro de 1926, em Giveny.

Confira a biografia e as obras de Monet nos *links* a seguir.

FRAZÃO, D. **Claude Monet**. Disponível em: <https://www.ebiografia.com/claude_monet/>. Acesso em: 10 mar. 2022.

A FUNDAÇÃO Claude Monet: uma casa transformada em museu. 2019. Disponível em: <https://www.pariscityvision.com/pt/giverny/fundacao-claude-monet>. Acesso em: 10 mar. 2022.

Outro nome de destaque do impressionismo é o pintor francês Pierre Auguste Renoir (1841-1919). Foi um dos pioneiros do movimento e se tornou conhecido por retratar a beleza e a sensualidade femininas. Nasceu em 25 de fevereiro de 1841 e virou pintor na adolescência. Ele e alguns amigos, Pissarro, Monet, Cézanne e Edgar Degas, decidiram exibir suas obras por conta própria, em Paris, em 1874. A mostra ficou conhecida como a primeira exposição impressionista. O nome do movimento é derivado de uma revisão crítica dessa mostra, em que as obras foram consideradas "impressões", em vez de pinturas acabadas produzidas com os métodos tradicionais.

Arte moderna

Após o impressionismo, diversos outros movimentos surgiram até a chegada da arte moderna, que foi uma importante influência para a produção de revistas. Ainda no século XX, após a Segunda Guerra Mundial (1938-1945), estabeleceram-se os movimentos Op Art e Pop Art, que traduzem a cultura de centros urbanos e industrializados.

Para a Op Art, a arte simboliza a modificação da realidade. Seu nome vem do inglês e significa "arte óptica". Apresenta figuras geométricas e coloridas, o que provoca movimento. Já a Pop Art simboliza a realidade da cultura da cidade, a tecnologia industrial. Seu nome vem do inglês e significa "arte popular". Foi mais popular nos Estados Unidos, na década de 1960. Os recursos são os meios de comunicação em massa: TV, jornais e revistas. Representando o movimento, temos Andy Warhol (1930-1987), o artista mais conhecido e com maior influência sobre a comunicação visual.

Bauhaus

A escola de Bauhaus foi fundada em abril de 1919 pelo alemão Walter Gropius (1883-1969), mas, em função da situação política da época, foi fechada em 1932, e seus discípulos e professores se espalharam pelo mundo com a imigração.

Nesse contexto, em 1944 surgiu, com o próprio Gropius, o movimento denominado *Bauhaus*, que revolucionou o conceito da época, com a colaboração de vários artistas que compunham o quadro de alunos, dos quais vários se tornaram artistas renomados mais tarde. Ainda assim, essa escola deixou um enorme legado na comunicação visual, na arquitetura, na imprensa (jornais, revistas) e na arte, o que a torna a mais importante do século XX nessas áreas.

PARA SABER MAIS

Os principais nomes da escola de *Bauhaus* são os seguintes:

- Mies Van Der Rohe;
- Wassily Kandinsky
- Johannes Itten
- Josef Albers
- Lyonel Feininger
- Anni Albers
- Marcel Breuer
- Paul Klee
- Gerhard Marks
- László Moholy-Nagy
- Georg Muche
- Hinnerk Scheper
- Oskar Schlemmer
- Joost Schmidt
- Lothar Schreyer
- Gunta Stölzl
- Marianne Brandt
- Dietmar Starke
- Omar Akbar
- Christian Dell

Como indicação de complemento aos estudos dos artistas mencionados, sugerimos o filme *Loving Vicent*, primeiro longa-metragem escrito e dirigido por Dorota Kobiela e por Hugh Welchman. O filme dá vida às pinturas de Vincent van Gogh para contar sua história notável. Cada um dos 65.000 *frames* do filme é uma pintura a óleo produzida à mão por 125 pintores. Esses profissionais vieram de diversas partes do mundo para os estúdios de *Loving Vincent*, na Polônia e na Grécia, para fazer parte da produção. Tão notáveis quanto as pinturas brilhantes de Vincent são sua vida apaixonada e sua misteriosa morte.

LOVING Vincent. Direção: Dorota Kobiela e Hugh Welchman. Polônia; Reino Unido; EUA; Suíça; Holanda: A2 Filmes, 2017. 94 min.

É do Bauhaus que deriva o design moderno, com sua busca por formas simples e pela função do objeto. Contudo, o estudo do design é mais recente e está fortemente ligado à industrialização e à economia de cada país. Mesmo com a difusão do estudo do design depois de 1932, por força da história política, econômica e social de alguns países, as informações demoraram a se espalhar. Esse é o caso do Brasil, que obteve uma visão maior do assunto por volta dos anos 2000.

Um dos ex-alunos da escola de Bauhaus, Max Bill (1908-1994), contribuiu para o movimento, ao fundar, em 1953, a escola de design Ulm (escola de design situada na cidade de Ulm, na Alemanha). A contribuição de Bill foi a de dar tendência ao movimento da comunicação. Para isso, repaginou o logo da Lufthansa, companhia aérea alemã, e introduziu a fonte Helvética na comunicação e no projeto gráfico, o que veremos mais adiante. A influência da escola no design de comunicação se confunde com a própria história, com logos geométricos e minimalistas, presentes, até hoje, nas redes sociais.

1.2 História do design

Como demonstramos até o momento, o design se mistura com a arte, com a comunicação e com a história em geral. É válido ressaltar que os termos *design* e *designer* nasceram na Inglaterra.

É possível perceber que os movimentos e os períodos artísticos fizeram parte dessa história, e que precisamos conhecer um pouco de tudo isso para subsidiar nossas pesquisas e referências.

Desde sempre, muita coisa foi trazida da Europa e da América, para onde estudantes viajavam a fim de estudar. Outros profissionais simplesmente copiavam as tendências de design estrangeiras, visto que o desenvolvimento do Brasil era bastante lento. Nesse contexto, apresentaremos, na sequência, um pouco da nossa história.

No Brasil, a história da arte se confunde com a da comunicação. Passou-se um século e meio até que a arte assumisse seu papel na indústria econômica do país. Não se tem, claramente, o papel do design no país antes de 1996, quando houve um grande avanço nesse sentido.

1.2.1 História da arte no Brasil

No século XIX, no Brasil, houve uma expansão dos centros urbanos e a modificação dos meios de comunicação (telégrafos, fotografia) – no caso, dos meios impressos, como livros, jornais, cartazes, embalagens e revistas ilustradas. Duas dessas grandes mudanças ocorreram na fabricação do papel e na impressão (composição tipográfica) com a chegada da máquina de linotipo de Mergenthaler. Assim, ficou mais fácil delimitar os impressos que circulavam na Corte do Rio de Janeiro.

Nesse contexto, o jornal e a revista se misturaram, pertencendo à revista a análise e as críticas da informação, de que é exemplo a revista *Veja*, da Editora Abril, que atua nesse segmento. "A Tipografia Nacional, inicialmente denominada Impressão Régia, foi criada no contexto de instalação da corte portuguesa no Brasil, pelo decreto de 13 de maio de 1808, com o objetivo de imprimir toda a legislação, papéis provenientes das repartições reais e quaisquer outras obras em geral" (Camargo, 2016).

Assim, é possível observar que o mercado empresarial editorial é um dos mais antigos do nosso país, sendo Francisco de Paula Brito o principal editor de sua época. Segundo informações do *site* Memória da Administração Pública Brasileira – Mapa (Hoffbauer, 2018), no Arquivo Nacional do Governo Brasileiro, Francisco de Paula Brito, nascido no Rio de Janeiro em 20 de dezembro de 1809, ingressou, como aprendiz, em 1824, na Tipografia Nacional. Mais tarde, já no jornal, foi redator, tradutor e diretor. Comprou a livraria de seu primo e deu início às atividades da Tipografia Fluminense Brito & C., que logo passou a se chamar *Tipografia Imparcial de Brito*. Mais tarde, D. Pedro II se tornou acionista de Brito, que recebeu, então, o título de Impressor da Casa Imperial.

A Associação Nacional de Jornais (ANJ, 2017) afirma que:

> A imprensa brasileira tem duas datas como marco fundador: o lançamento, em Londres, do Correio Braziliense, em 1º de junho, e a criação da Gazeta do Rio de Janeiro, em 10 de setembro, ambos de 1808. Ao contrário dos principais países latino-americanos, o Brasil entrou no século XIX sem tipografia, sem jornais e sem universidades (que contribuíam para a formação do público leitor). Em 1706, uma Carta Régia, enviada ao governador Francisco de Castro Moraes, ordenava o sequestro das "letras impressas e notificar os donos delas e os oficiais da tipografia que não imprimissem nem consentissem que se imprimissem livros ou papéis avulsos". O material supostamente pertenceria a um impressor de Recife cujo nome é até hoje desconhecido.

Em 1950, em um cenário de crescente industrialização e de desenvolvimento nacional propiciado por Getúlio Vargas, que estimulou o ensino e a pesquisa da industrialização no país, parou-se de copiar os modelos de outros países.

Já em 1956, com Juscelino Kubitschek no poder, entrou o capital estrangeiro no país. Essa mudança de comportamento da sociedade também influenciou a arte e, consequentemente, o ensino da arte, da indústria e da técnica. Nessa época, os cursos profissionalizantes se fortaleceram. Nesse cenário, instituiu-se o ensino de design no Brasil, com o surgimento da Escola Superior de Design Industrial do Brasil (Esdi).

1.2.2 Escola Superior de Design Industrial do Brasil (Esdi)

A primeira Esdi foi fundada em 1962, pelo governador Carlos Lacerda. Iniciou suas atividades em 1963 e está em atuação até hoje. Com grandes influências das escolas ULM e *Bauhaus*, já mencionadas, esse é considerado o primeiro curso de Design de nível superior do Brasil. A partir daí, surgiram outras escolas de Desenho Industrial e de Design.

Em pesquisas, encontramos uma menção a Aloísio Magalhães (1927-1982), considerado um dos primeiros designers modernos do país. Começou a se interessar pela arte (pintura, ilustração e tipografia) em 1958, além de ter participado da discussão do ensino de design no país. Atuou em grandes estatais, como a Petrobras e o Banco Central do Brasil (BCB), e em grandes empresas privadas, como a Rede Globo. Faleceu em 1982, deixando seu legado até os dias atuais.

1.3 Especialidades do design

Atualmente, existem diversas especialidades de design, algumas já muito conhecidas, como é o caso do design gráfico e o design gráfico editorial, os quais são objetos de nossos estudos e serão vistos mais a fundo. Há também outras, como o design de moda, que atua com roupas e vestimentas; o design de interiores, que decora casas, lojas, hotéis etc.; e, ainda, o *gourmet design*, que atua na confeitaria e na culinária.

O design editorial é uma especialidade do design gráfico que, ao mesmo tempo, está ligado à história e à evolução da comunicação e da imprensa nacional. Não se pode falar em *design gráfico nacional* sem entender e conhecer toda a imprensa nacional.

O design editorial de revistas contém bons exemplos de idealizadores, nacionais e internacionais. A primeira revista surgiu em 1663, na Alemanha, e se chamava *Erbauliche Monaths--Unterredungen*, algo como "Edificantes Discussões Mensais". Pouco tempo depois, foram criadas a francesa *Le Mercure* (1672) e a inglesa *The Athenian Gazette* (1690). Essas revistas abordavam assuntos específicos e pareciam mais coletâneas de textos científicos e didáticos.

No século XIX, nasceram as revistas de assuntos de interesse geral, e no século XX, com a modernização das máquinas e o barateamento do papel, as revistas assumiram outra forma. Sob o título *As Variedades ou Ensaios de Literatura*, nasceu, em 1812, a primeira revista brasileira, em Salvador. Pouco tempo depois, em 1839, nasceu a *Revista do Instituto Histórico e Geographico Brazileiro*.

No Brasil, o caminho até o progresso mudou hábitos e o processo formativo, e a imprensa traduzia esses discursos literários. Durante 150 anos, a tipografia imprimiu somente livros e folhetos. Sobre a impressão, Santos (2012, p. 18) afirma que:

> Quase 500 anos depois, seu invento continua contrariando muitos teóricos e estudiosos que acreditam no fim da era da imprensa. Um exemplo é do canadense Marshall McLuhan, que, no livro O meio é a mensagem, de 1962, afirmou que o fim da impressão estaria chegando com a chegada forte das imagens. A era agora, segundo ele, seria a audiovisual. Sabemos que não foi assim e, atualmente, vivemos a era da informatização que também não desbancou o poder do impresso.

Em 1882, chegou ao Brasil Eliseu Visconti, nascido na Itália em 1873. Visconti iniciou seus estudos no Liceu de Artes e Ofício do Rio de Janeiro e, mais tarde, matriculou-se na Academia de Belas Artes. Foi o responsável por trilhar os primeiros passos do desenho aplicado às artes gráficas – ou seja, do que conhecemos, hoje, como *design*. Sua produção consistiu em diversas modalidades artísticas, como cartaz, cerâmica, vitral, luminária, tecido e papel de parede.

Confira, a seguir, a cronologia de surgimento das revistas (Como..., 2011):

- **1663 – *Erbauliche Monaths-Unterredungen***: Essa publicação alemã, que em português significa "*Edificantes Discussões Mensais*", é a primeira revista de que se tem registros. Criada por Johann Rist, na cidade de Hamburgo, foi publicada até 1668.

- **1693 – *Ladie's Mercury***: Foi uma revista feminina publicada sob responsabilidade do jornalista inglês John Dunton. Três anos antes de lançá-la, Dunton havia editado a *Athenian Gazette*, a qual lhe conferiu experiência para preparar uma publicação dedicada às mulheres.
- **1731 – *The Gentleman's Magazine***: Considerada a primeira revista moderna, foi nessa publicação que a palavra *magazine* foi aplicada pela primeira vez. Foi publicada na Inglaterra por Edward Cave.
- **1842 – *The Illustrated London News***: Para o lançamento dessa revista, o inglês Herbert Ingram apostou no sucesso comercial que seria a inserção de ilustrações nesse tipo de veículo. Trata-se da primeira revista a utilizar gravuras para acompanhar o texto dos artigos. A inovação inspirou outras revistas ilustradas na época.
- **1855 – *Leslie's Weekly***: De origem americana e com grande circulação no século XIX, essa revista já apresentava ilustrações. Conforme a revista *Superinteressante*, da Editora Abril, durante a Guerra Civil Americana (1861-1865), a publicação *Leslie's* inovou, mandando 12 correspondentes para cobrir o conflito.
- **1888 – *National Geographic***: Existente até hoje, foi a primeira revista a publicar fotografias coloridas. Atualmente, conta também com um canal de televisão.
- **1892 – *Vogue***: Fundada pelo editor Arthur Turnure, essa revista estadunidense foi lançada com o objetivo de abordar conteúdos referentes à moda. Seu público-alvo inicial foi

a elite do final do século XIX. A fama de requinte da revista se mantém até hoje.
- **1928 –** *O Cruzeiro*: Primeira revista brasileira, fundada pelo jornalista Assis Chateaubriand.
- **1936 –** *Life Magazine*: Veículo criado com segmentos inovadores de fotojornalismo. Essa publicação deixou de circular semanalmente em 1972.

1.3.1 Design de revista

A revista é um veículo de comunicação. É uma publicação que reúne diferentes conteúdos, mas que mantém seu título a cada edição. Tem determinada periodicidade e pode apresentar-se de modo segmentado, com temas específicos e outros generalistas. É notório que, mesmo com a era digital, ainda existe uma gama considerável de revistas.

O design de revista, que está no âmbito do design gráfico editorial, tem também uma função social: trata-se de um agente de comunicação, de reflexão e de transmissão de conhecimento, por aliar conceitos e informações.

O projeto gráfico de uma edição de revista deve ser pensado para distribuir e organizar os elementos em uma página, dando identidade ao título e/ou à empresa.

A revista é constituída por:

- capa;
- páginas ou miolo;
- seções, que são o conteúdo das páginas;

- cadernos especiais;
- suplementos;
- edição comemorativa.

Os *periódicos*, como eram chamadas as revistas antigamente, são classificados por tema:

- **Atualidades, variedades e política**: Transmitem informações diversas sobre questões atuais e política, como as revistas *Veja* e *Isto é*.
- **Literatura, economia e história**: Veiculam assuntos e pesquisas relacionados às áreas do conhecimento mencionadas. Têm um caráter mais educativo, como as revistas *National Geographic* e *Superinteressante*.
- **Universo feminino e moda**: Divulgam informações diversas sobre a mulher e para a mulher, como as revistas *Elle* e *Marie Claire*.
- **Universo infantojuvenil**: Repassam informações diversas para uma faixa etária específica, como as revistas *Carícia* e *Capricho* e os quadrinhos infantis.
- **Esportes**: Divulgam informações sobre esportes, como as revistas *O2*, *Runner*, *Placar* e *Fluir*. Atualmente, há revistas ainda mais segmentadas, focadas em esportes específicos (corrida, natação etc.).
- **Universo técnico e profissional**: Apresentam informações segmentadas sobre a atualidade de determinado campo e/ou profissão, como as revistas *Meio e Mensagem*, *Eletrônica e Informática* e *Aviação*.

- **Temas variados**: Apresentados por periódicos que não se enquadram em nenhum dos demais temas.

Observamos que alguns títulos, em suas versões digitais, fazem uso de recursos de áudio e vídeo, com uma interação multimídia entre texto, imagem, informação e absorção. Isso também permitiu uma maior segmentação, ou, como costumamos dizer, uma maior especificidade das revistas.

Assim, ao realizar um projeto gráfico, devemos ter em mente o processo técnico da produção, que pode ser inserido no *briefing* de design, também conhecido como *ficha*. O *briefing* de design pode ser realizado não só no setor editorial, mas também nos setores promocional e de *marketing*.

IMPORTANTE!

O *briefing* é o ato de dar informações e instruções concisas e objetivas sobre uma missão ou tarefa a ser executada. É o conjunto dessas informações e instruções. Deve conter informações sobre: o cliente; a empresa; o produto e/ou o projeto que será desenvolvido, direta e indiretamente; o público-alvo; e as características físicas do produto.

O *briefing*, no departamento editorial, é chamado de **briefing editorial** ou ***ficha editorial***. Deve ser realizado para informar não só o editorial e a produção, mas também o departamento de venda e de *marketing*, razão por que deve ser o mais detalhado possível.

Além disso, é possível customizar a revista para determinada empresa ou marca, como é o exemplo da *Revista Fleury*, pertencente a um grande laboratório médico. Tais revistas são voltadas para um público específico, formado, geralmente, por consumidores, funcionários e fornecedores.

IMPORTANTE!

O editorial é o departamento em que se localizam os editores, que podem compor o editorial de arte e de texto. No editorial de arte, há a produção, a arte final e a diagramação. No editorial de texto, atuam os jornalistas, os redatores e os revisores.

Com base nesses estudos, verificamos que o projeto de design se inicia com o *briefing*, que deve contemplar as seguintes perguntas:

- **Qual será o tipo de publicação?** Revista feminina, por exemplo.
- **Qual será o título?** Nome que o periódico terá, como *Quem Acontece*.
- **Qual será o subtítulo?** Algo que se diferencia do título, como *Caras* (título) *Portugal* (lugar em que será vendida).
- **Qual será o formato (mm)?** Tamanho da revista.
- **Qual será o número de páginas previsto?** 120 páginas, por exemplo.
- **Qual será o tipo de impressão, a cores ou p/b?** Geralmente, a impressão acontece em sistema *offset*.
- **Qual será o tipo de acabamento?** A capa pode ter um acabamento diferente do miolo, por exemplo.

- **Qual será o papel?** A revista pode ser impressa em um ou mais tipos de papel.
- **Qual será o público-alvo?** Leitores principais.
- **Quantas seções terá?** São ligadas a temas: por exemplo, se a revista for culinária, haverá seções sobre doces, salgados e saladas.
- **Quais os anunciantes? Quantos anúncios de página haverá?** Quantidade de anunciantes e de anúncios.
- **Quais serão os locais de venda e/ou de distribuição?** Devemos decidir se as revistas serão vendidas em bancas ou se serão distribuídas em um mercado específico, como lojas de brinquedos.
- **Quais serão os principais concorrentes?** Por exemplo, as revistas *Veja*, da Editora Abril, e *Época*, da Editora Globo, concorrem entre si.

1.3.2 Projeto gráfico

O projeto gráfico nada mais é do que a aparência visual da revista, que é composta por elementos como tipografia, cores e diagramação. É determinado pela identidade visual a ser seguida e, também, relaciona-se diretamente ao leitor, que opina sobre a publicação de uma revista, tornando-a mais versátil. Assim, um bom projeto faz a diferença para o sucesso do título, de modo que o projeto gráfico deve buscar uma identificação com o público-alvo. Daremos mais detalhes sobre a composição do projeto gráfico na sequência.

Dessa maneira, a página da revista deve atrair a atenção do leitor – não somente pelo tema e pelo texto, mas também pelo seu projeto gráfico. Os elementos que compõem a revista são muito importantes: logo, devem ser harmônicos e equilibrados e ter estilo e funcionalidade. No entanto, a modernidade nem sempre garante esses elementos. Nesse caso:

> O papel do *designer*, acima de tudo, é examinar o conteúdo e pensar como será o aspecto objetivo e subjetivo relacionado à sua mensagem. Um projeto editorial é construído através de um conjunto de regras básicas, utilizando um diagrama (*grid*) um grupo de tipos de caracteres (letras, números e sinais) para apoio do processo de produção [...]. (Alencar; Santos, 2014, p. 17)

Após a definição do *briefing*, redatores e jornalistas seguem na produção do texto. Por sua vez, a produção cuidará da pesquisa e da definição do projeto gráfico, para o qual pode ou não ser contratado um designer específico. Caso a revista já tenha um projeto gráfico, o designer iniciará a pesquisa e a busca de materiais (artes, imagens, ilustrações), estando os elementos visuais inclusos no processo de produção.

Algumas editorias de revistas apostam em uma editoração diferenciada, na qual cada matéria, normalmente, apresenta um *layout* temático.

Alencar e Santos (2014, p. 20), em seu trabalho sobre a temática da revista digital, indicam o seguinte:

> White (2005) define que o *design* de uma revista não se trata de arte, é puramente comunicação, informação, dispostas de maneira atrativa e tornando-se de mais fácil leitura. Tanto *designers* quanto jornalistas devem estar preocupados com a melhor

maneira de contar a história, de forma a torná-la mais legível e atrativa, mas sem perder a comunicação da mensagem e conteúdo.

Trataremos desse tema mais adiante, com suas especificidades e a composição para um projeto gráfico de revista.

PARA SABER MAIS

Para expandir seus conhecimentos, sugerimos que se aprofunde na obra de Alexandre Wollner (1928-2018), que foi um pioneiro no designer gráfico. Influenciou não só o design, mas também o ensino da profissão no Brasil. Tinha uma visão modernista e sempre buscava inovação, simplicidade e comunicação. Entre os vários trabalhos desenvolvidos, destacam-se os logotipos do Itaú, da Atlas Elevadores, da Klabin Celulose e Papel, da Philco e da Ring.

QUEIROZ, C. Ponte para o mundo. **Pesquisa Fapesp**, 18 jun. 2018. Obituário. Disponível em: <https://revistapesquisa.fapesp.br/ponte-para-o-mundo/>. Acesso em: 11 mar. 2022.

1.3.3 Computação Gráfica

Com o avanço da tecnologia, a computação gráfica se tornou essencial para a produção de um bom design e, consequentemente, o perfil profissional sofreu mudanças. As produções se modificaram com esse avanço e o editorial se dividiu em etapas de produção:

- **editorial**: texto;

- **produção**: diagramação, ilustração e imagem;
- **impressão**: sistema que confere a impressão da revista.

Essas etapas serão conhecidas posteriormente, a fim de explorarmos o gerenciamento da produção, para que o designer obtenha uma boa qualidade no seu processo de produção.

Durante a produção, há a necessidade de realizar o plano da revista. Chamado *espelho*, trata-se de um tipo de protótipo da revista. No espelho, a revista é montada para distribuir os espaços em que serão inseridos os textos, os anúncios e as imagens, sendo a base para a diagramação. Algumas revistas que têm projetos e design gráfico já consolidados realizam esses espelhos depois da diagramação ou da paginação da revista.

A capa é o principal, se não for o fator determinante de atração do leitor e de destaque com relação à concorrência. Trata-se da apresentação da revista, do cartão de identidade da publicação. Uma capa mal elaborada pode destruir uma publicação, que nem mesmo seguirá para novas edições. Você conferirá esse detalhe quando abordarmos a criação.

Com o avanço dos meios digitais, cresce o número de informações e de veículos nesse formato, assim como diminuem as publicações impressas. Assim, modificam-se os conceitos e os formatos de revista. Além disso, há constantes mudanças de projeto gráfico e de design.

Com a acessibilidade da internet, vieram outros formatos de revista digital. Um deles é o PDF (*Portable Documet Format*), que vem a partir da diagramação das revistas impressas e salvas em *.pdf*.

Atualmente, quase todas as revistas estão na internet, com fácil acesso – algumas disponíveis apenas mediante assinatura.

1.3.4 **Revista digital**

A *revista eletrônica*, como é conhecida a revista digital, vem se tornando cada vez mais o meio de acesso a esses títulos. Com o avanço da tecnologia, como dos computadores, novas mídias foram incorporadas e alguns títulos conhecidos de publicação impressa foram encerrados, mantendo somente suas versões digitais. Essas revistas são diagramadas de novas formas, com o uso de *sites* e/ou aplicativos específicos. Muitas das revistas que sobreviveram são segmentadas, ou seja, têm temas únicos, como as revistas acadêmicas e as específicas de determinado setor, como o farmacêutico, em que a publicidade é grande e mantém um bom corpo editorial.

O celular, o *tablet* e o computador, hoje em dia, são os melhores lugares para se ler, pois permitem o acesso a publicações de outros locais (revistas estrangeiras) em um simples clique.

1.3.5 **Exemplo de editoras de revistas**

Nesta seção, apresentaremos empresas que realizam edições de revistas impressas e digitais.

A Editora Bloch e a Editora Abril são referências em edição de revistas. A revista *Manchete*, da Editora Bloch, foi considerada a segunda maior revista brasileira de sua época. Surgiu em abril de 1952, inspirada na revista parisiense *Paris Match*. Em 2000, com a falência do Grupo Editorial Bloch, a revista deixou de circular, tendo sua última edição, já com outros donos, publicada em 2007.

Um pouco antes de a *Manchete* nascer, a Editora Abril, em 1950, apareceu com o lançamento da versão brasileira do quadrinho *O Pato Donald*, de Walt Disney. A partir daí, cresceu no mercado editorial, com compromisso jornalístico e alto padrão de qualidade, estando sempre atenta ao mercado e inovando na impressão e na atualidade das reportagens.

Em 1961, com o lançamento de *Zé Carioca*, a produção de revistas em quadrinhos no país foi estimulada. Na sequência, em 1969, veio a revista *Recreio*, unindo diversão e educação.

A primeira revista feminina foi a *Claudia*, de 1961, com foco na dona de casa. Desde então, surgiram outros nomes, como *Capricho*, *Manequim* e *Realidade*. Em 1968, foi criada uma das principais revistas de informação semanal, a *Veja*.

A Editora Abril também passou a atender outros segmentos, como viagem, automóveis e esporte. Com isso, a editora se tornou referência no segmento editorial de revistas, com um amplo portfólio de publicações, e agregou outros segmentos editoriais, como livros e educação.

Assim como a Editora Abril, a Editora Globo também ocupa um lugar importante na comunicação e na informação do país, com a publicação de diversas traduções, dicionários e enciclopédias pioneiros e de revistas que marcaram época. Em 1986, passou ao domínio das Organizações Globo, que já detinha uma gráfica e editora e, hoje, é um dos maiores conglomerados de comunicação e de informação do país. Com um catálogo de revistas segmentadas ou não, a Editora Globo contempla diversos títulos.

PARA SABER MAIS

No estado de São Paulo, há um arquivo público que conta com diversas publicações. Vale a pena conferi-lo. Esse arquivo público guarda e conserva as publicações da Imprensa Oficial e do Diário Oficial desde 1982. Atualmente, conta com uma coleção de mais de 48 mil livros; 235 mil exemplares de jornais; 30 mil exemplares de revistas; e 16 mil exemplares de publicações seriadas (relatórios, boletins e atas). Parte desse acervo pode ser acessada em formato digital, enquanto a outra parte pode ser encontrada no local físico.

SÃO PAULO (Estado). Arquivo Público do Estado de São Paulo. **Acervo digitalizado**. Disponível em: <http://www.arquivoestado.sp.gov.br/site/acervo/repositorio_digital>. Acesso em: 11 mar. 2022.

SÍNTESE

Conforme demonstramos neste capítulo, a arte e a sociedade industrial andam juntas na produção de materiais de arte e de informação. Houve inúmeros conceitos que se modificaram tanto pela inquietude do homem quanto pelo avanço da tecnologia. Nesse sentido, conhecer um pouco da história pode nos trazer referências, conhecimento e conceitos para a execução de um bom trabalho.

De maneira geral, a formação do designer deve se ater ao seu perfil profissional, contemplando as seguintes características:

- diferentes linguagens, características e criações de comunicação para diversos meios;
- pesquisa, análise, interpretação e elaboração de ideias e fatos;
- conhecimento, aplicação e utilização de leis e regulamentos específicos da área;
- comunicação e negociação com fornecedores;
- planejamento e gerenciamento de processos de produção;
- visão de inovação e de empreendedorismo.

Assim, o profissional de design de revista precisa estar focado na inovação e na competitividade da indústria. Por isso, é importante compreendermos o design nos meios industrial, governamental e social, com a valorização e o reconhecimento do profissional de design, a fim de produzir conhecimento inovador e transformador.

Street Boutique/Shutterstock

CAPÍTULO 2

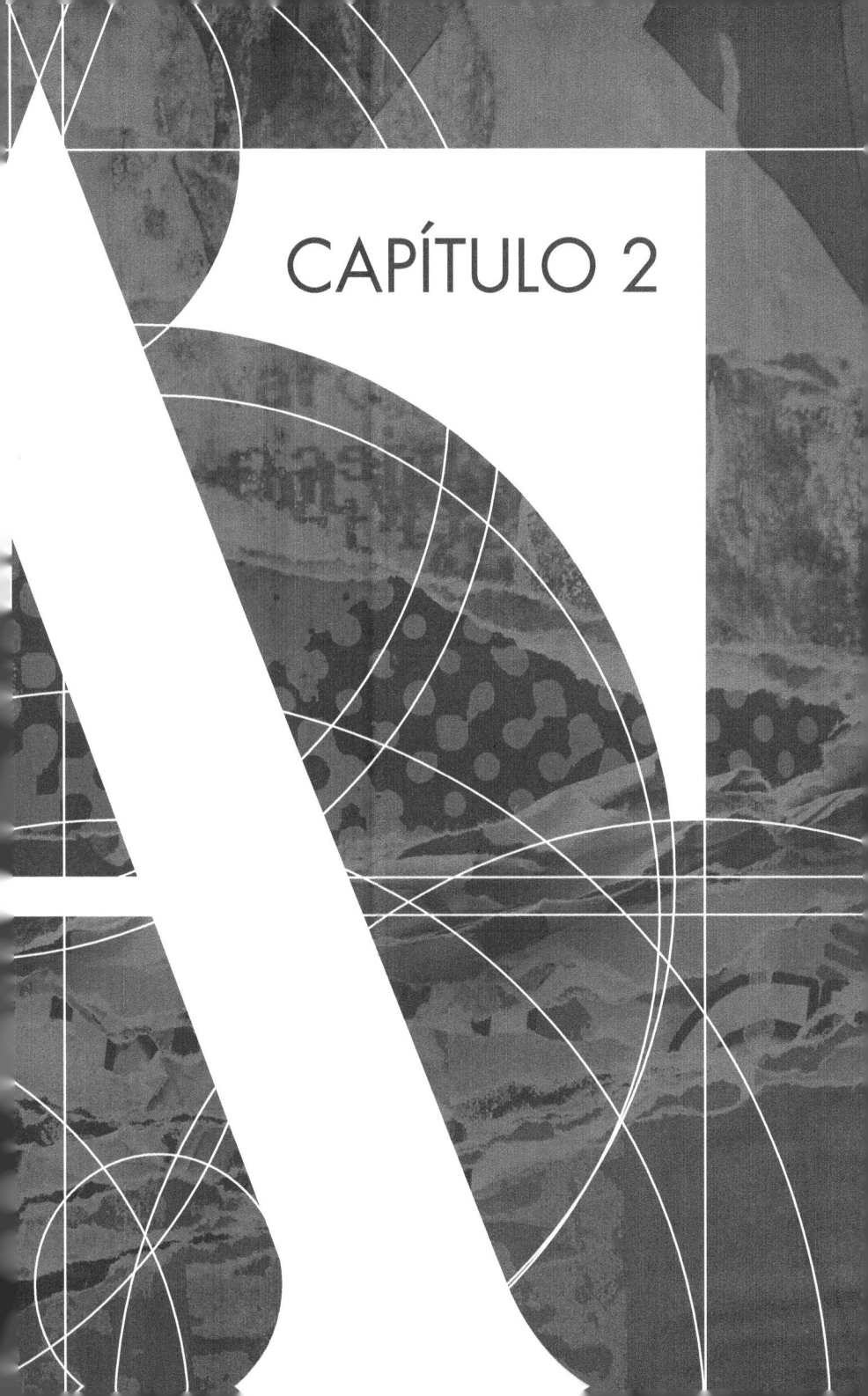

INTRODUÇÃO AO DESIGN EDITORIAL DE REVISTA

Para entender o design editorial de revista, é preciso compreender a história da arte e do design, abordada no capítulo anterior. Um dos períodos apresentados foi o da escola Bauhaus, fundada em 1º de abril de 1919 pelo professor alemão Walter Gropius (1883-1969). A escola foi fechada em 1932 e seus discípulos e professores se espalharam pelo mundo, aplicando seus conceitos e sua teoria da arte à comunicação, à arte, aos móveis, à indústria e à tecnologia.

A partir de 1932, começou a surgir o design moderno, com formas simples e que remetiam a uma ideia de funcionalidade, tal como a famosa frase "bonito e funcional". O design moderno apareceu em todas as áreas: comunicação, produto, consumo, artes, entre outras. Ainda assim, o estudo do design em si é mais recente e está fortemente ligado à industrialização e à economia de cada país. Muitos dos conceitos que estudaremos neste capítulo estão vinculados ao design gráfico editorial, que engloba o design editorial de revista.

Conforme já mencionamos, a primeira revista foi criada em 1663, na Alemanha. Intitulada *Erbauliche Monaths-Unterredungen*, ela publicava, em sua maioria, textos com conteúdo didáticos. Mais tarde, no século XIX, vieram as revistas de assuntos de interesse geral. No século XX, com a modernização das máquinas e o barateamento do papel, as revistas tomaram outra forma. Sob o título *As Variedades ou Ensaios de Literatura*, nasceu, em 1812, a primeira revista Brasileira, em Salvador.

Neste capítulo, abordaremos de maneira mais detalhada a história do design, mais especificamente do design editorial de revista, e todo seu processo de produção.

2.1 Design e industrialização

A revista sofre forte influência da sociedade e do consumo. Por isso, muitas revistas, até hoje, falam de política, economia e ciências. As que tratam de assuntos diversos e cotidianos sofrem com a evolução da tecnologia, sobretudo em razão do advento da internet e das redes sociais, que, atualmente, estão fortemente presentes em nosso cotidiano.

O design está muito ligado à sociedade e à indústria. É fruto da necessidade de produção em grande escala, das máquinas e dos equipamentos. Evolui com a modernidade, com a tecnologia e com o consumo, e seus conceitos estão em constante transformação. Digamos que o design alia a beleza à funcionalidade. Atualmente, isso é muito simples de se compreender, mas, no passado, em uma sociedade agrária e manual, era difícil imaginar produtos motivados por conceitos criativos e tecnológicos. Um exemplo dessa dificuldade é a própria prensa de tipos móveis, inventada por Gutenberg, que constitui a base da impressão e da revista e, por muito tempo, foi o único meio de distribuição de informações. Atualmente, há muitos meios, como o celular e o computador.

A mecanização modifica a sociedade, o consumo e a vida das pessoas. Os rótulos e as embalagens ganham forma e funcionam como propagandas em cartazes. Diante disso, verificamos que o profissional da área deve sempre buscar novas criações na comunicação, a fim de atingir seu leitor; pesquisar novos conceitos de arte, para interpretar a matéria e se comunicar visualmente; verificar meios regulamentadores, novas ferramentas de atuação e de linguagem, novas tecnologias de divulgação e elementos textuais, lembrando sempre de atrair a atenção do leitor; agregar valor e organizar a informação e a leitura. O design contribui na divulgação de informações e, consequentemente, na formação dos cidadãos – por isso, é um agente da sociedade.

Desse modo, um livro que todo designer de revista precisa ler, por ser considerado a Bíblia do design gráfico – há quem o considere o primeiro livro sobre design –, é *Thoughts on Design* (ou *Pensamentos sobre design*, em português). Foi escrito em 1947 por Paul Rand, criador de diversas empresas (marcas) com uma visão pioneira para a integração da forma à função. Apesar de existirem, hoje, diferentes obras sobre o tema, essa visão continua tão atual quanto o era na data de seu lançamento. Vale a pena conferi-lo!

O crescimento das cidades e as mudanças no transporte e no conceito de trabalho ocorreram no mesmo ritmo. Agora, com a pandemia de 2020, tudo isso voltou à tona, como influência na criação e na comunicação. As *fake news* se tornaram parte do nosso dia a dia nas redes sociais.

O design, de modo geral, tem de se comunicar. As revistas (impressas e digitais) e a televisão têm esse papel fundamental de promover comunicação, e o design dá cara à informação por meio de um ícone, de uma imagem e de uma tipologia, elementos que abordaremos mais adiante.

O início do século XIX marcou a revolução dos meios de impressão. Diversos avanços da tecnologia permitiram uma mudança na produção do papel. Assim, em 1940, pôde-se imprimir mais tiragens de revistas. O papel se tornou barato e a produção de cartazes, revistas e jornais, mais abundante. Um bom comunicador pode mudar opiniões. Um exemplo de comunicação, tecnologia e design foi o lançamento do computador Apple Macintosh (o logo da maçã).

PRESTE ATENÇÃO!

A Apple é uma empresa americana que revolucionou, em 1984, o mercado de computadores, bem como a área de propaganda, ao propor um comercial com uma heroína sem nome para representar a vinda do Macintosh. Esse comercial foi ganhador de inúmeros concursos, mas devemos ater-nos ao computador em si, que apresentava uma ampla tecnologia gráfica para a produção de qualquer modalidade de design. Observamos que até médicos que atuam com imagem preferem esses tipos de tecnologia e de produto.

PARA SABER MAIS

Confira, a seguir, diversas imagens de revistas, visto que a revista reconstrói as preferências, as modas, os estilos e as tendências de uma época.

DESIGN CULTURE. **89 inspirações de revistas**. Disponível em: <https://designculture.com.br/89-inspiracoes-de-revistas>. Acesso em: 11 mar. 2022.

No Brasil, houve um atraso secular na introdução das revistas pelo fato de sermos, na época, um país de maioria analfabeta e, portanto, de poucas condições de consumo editorial (livros, revistas, cartilhas). Assim, outros materiais impressos se tornaram mais populares, como embalagens, rótulos e cartazes publicitários. Como é possível perceber, de certa forma, séculos atrás, o design gráfico já se tornava mais presente a cada dia, embora não tivesse esse nome. Na sequência, vieram os *outdoors* (cartazes maiores), de modo que ganhamos novas formas de informar e de nos comunicar.

2.2 Design e sociedade

Ao longo da evolução do mundo, o homem e a sua capacidade de transformação fizeram com que cada época tivesse seu modo de viver, sua coletividade. A sociedade moderna está em constante mudança, e o design desempenha esse papel de transformação, de tornar algo que seria descartado em um produto extremamente valioso. Isso também vale para os serviços, que são agentes propagadores de tendências e de conceitos para grupos de pessoas. Assim é a comunicação.

O designer deve estudar, conceber e solucionar problemas referentes a determinado assunto, situação ou informação. Por exemplo, atualmente, a questão da acessibilidade tem estado bastante em evidência. No campo do design editorial, deve-se pensar em soluções que garantam às pessoas com deficiência ter acesso a revistas, jornais e livros. A tecnologia, nesse contexto, à medida que evolui, tem ajudado essa parcela da população a socializar com equidade.

2.3 Design editorial

O design deve seguir padrões e definições antes de criar produtos. As editoras, em geral, realizam pesquisas de mercado antes de lançar um título ou um selo editorial. Por exemplo, para definir qual o nome de uma nova revista dentro da editora, são realizadas pesquisas; e pode-se dividir a equipe de trabalho por títulos e por selo.

PARA SABER MAIS

Ao longo da leitura desta obra, você já deve ter se questionado: Mas as revistas não estão caindo em desuso, acabando?

É verdade que muitas revistas impressas deixaram de existir. Algumas resistiram, ao passo que outras transformaram sua forma de se comunicar com o leitor, embora o conceito de informação seja o mesmo. Para elucidar isso, o jornalista Rodrigo Cunha apresenta e explica, com infográficos, a produção de uma revista. Dê uma conferida no *link* a seguir.

CUNHA, R. **Noções básicas de design editorial para revistas**. Disponível em: <https://comunicadores.info/2011/08/08/nocoes-basicas-Design-editorial-revistas/>. Acesso em: 11 mar. 2022.

A revista é um meio de comunicação que vem se transformando com as invenções tecnológicas. É, também, uma das maneiras de vender bens e serviços. Pode ser personalizada e gerar ideias. Para isso, aplicamos um conteúdo relevante e organizamos as informações de forma atraente para o público-alvo.

A partir de agora, abordaremos o processo de produção de uma revista. Para se obter uma revista excelente, temos de utilizar ferramentas adequadas em seu processo de produção, pois, sem elas, o processo fica demorado e difícil. Outra garantia de sucesso está nas imagens e no que traduzem; e outro aspecto de suma importância é o texto, que se torna o conteúdo mais convidativo. O primeiro processo para pôr uma boa revista no mercado é, antes de tudo, realizar um *briefing* e, assim, produzir, imprimir, divulgar e atingir o público-alvo.

Sobre essa questão, Valente (2017, p. 16) afirma que:

"Revista" é uma palavra com origem no inglês *review*, utilizada múltiplas vezes em revistas literárias inglesas nos séculos XVII e XVIII. Entretanto a língua inglesa começou a adotar a palavra *magazine* (em França, *magazin*), que tem origem na palavra árabe *al-mahazen*, que significa armazém ou depósito de mercadorias variadas. Isto porque, contrariamente aos livros, as revistas apresentam assuntos diversos (Ali, 2009, s.p.).

Trata-se de um objeto que só apareceu depois da Revolução Industrial, uma época em que houve condições sociais e tecnológicas de produção em massa para que tal acontecesse. Distinguiu-se dos livros logo nos primeiros passos, através da sua capa mole e do texto disposto em mais do que uma coluna (Owen, 1991, pp. 12-13).

Naturalmente, o conceito de revista foi-se modificando ao longo dos tempos. Durante um longo período foi considerada como efémera, com um amplo leque de informação, por um custo reduzido e dedicada a um público-alvo abrangente. Com a alteração dos costumes de entretenimento, e posteriormente o aparecimento das revistas independentes durante o *boom* do consumismo no fim do séc. XX, a realidade das revistas alterou-se. Hoje existem muitas revistas dirigidas a públicos-alvo mais restritos (por exemplo a revista *Cat People*), publicadas com uma periodicidade alargada e tendem a ser concebidas e consideradas pelo público como objetos de coleção [...].

Por fim, outro elemento muito importante é o design gráfico. Nasce, assim, uma revista. O designer de revista é responsável por atuar – sozinho ou em parceria com uma editora – no processo de produção de uma revista. Para isso, o profissional deve:

- contemplar diferentes linguagens, características e criações de comunicação para diversos meios;
- pesquisar, analisar, interpretar e elaborar ideias e fatos;
- conhecer, aplicar e utilizar leis e regulamentos específicos da área;
- planejar e gerenciar o processo de produção;
- ter visão de inovação e de empreendedorismo.

PARA SABER MAIS

A empresa BST Design, que se dedica à área de design editorial e de revista, afirma que o design não é apenas algo visual, mas sim uma estratégia de negócio, como um argumento de venda. Confira mais sobre isso no *link* a seguir.

BST DESIGN. Disponível em: <https://bstdesign.com.br/>. Acesso em: 11 mar. 2022.

Dessa forma, compreendemos que, tanto para uma editora conceituada lançar um título quanto para uma empresa que queira simplesmente comunicar-se com seus clientes e com seus fornecedores, o processo de confecção de uma revista é o mesmo. Na sequência, demonstraremos as etapas de produção de uma revista.

2.3.1 **Projeto da revista**

As revistas, como já mencionamos, são publicações periódicas. Para fazer uma revista, é necessário querer se comunicar. A revista pode ser segmentada ou não. Para o projeto gráfico de uma edição de revista, é necessário pensar na distribuição e na organização dos elementos em uma página. A página é, também, uma identidade do título e/ou da empresa. Mesmo que já tenhamos visto essas informações no Capítulo 1, vale a pena rever como as revistas são classificadas de acordo com os seguintes assuntos:

- atualidades, variedades e política;
- literatura, economia e história;
- universo feminino e moda;
- universo infantojuvenil;
- esportes;
- áreas técnico-profissionais;
- assuntos variados.

PARA SABER MAIS

Dentro da concepção de criação do design, é preciso buscar referências importantes para sua atuação. Uma sugestão é realizar buscas nas ferramentas de internet. Na página do Pinterest, você encontrará referências visuais para um projeto de revista.

PINTEREST. **Projeto revista**. Disponível em: <https://br.pinterest.com/monitoriap/projeto-revista/>. Acesso em: 11 mar. 2022.

2.3.2 Composição de uma revista

A revista é composta por páginas e pela capa. As primeiras páginas são dedicadas aos seguintes elementos:

- **Publicidade**: Varia conforme o tipo de revista e de anúncio. A editora assina contratos de publicidade para produtos e serviços com fornecedores diversos.
- **Editorial**: Trata-se de um elemento obrigatório. Nele constam as informações da editora, dos editores, dos gerentes, do designer, do ISBN, entre outras. Geralmente, fica na página da direita.
- **Sumário**: Na revista impressa, é obrigatório. Trata-se do índice das matérias da revista.
- **Classificados**: Geralmente, ficam no fim da revista. Informam, por exemplo, o local das reportagens e a venda de produto e serviços.

As demais páginas são intercaladas, hoje, entre reportagens e anúncios. Antigamente havia mais texto – comumente, texto de teor educativo. Conforme o avanço do comércio publicitário, a revista foi virando um comércio em suas páginas, com inúmeros produtos e informações. Às vezes, lemos um texto político e encontramos, na sequência, um anúncio de página inteira de propaganda de TV, quebrando um pouco o ritmo da leitura. Esses anúncios são os que bancam, também, a produção da revista.

Para a realização de qualquer projeto gráfico editorial, é preciso ter subsídios. Nesse caso, é o *briefing* que definirá o processo de produção. Outro fator que deve ser considerado é a forma como a revista chegará até o cliente. Esse cliente pode ser você mesmo, leitor.

2.3.3 **Distribuição**

As revistas podem ser distribuídas por meio de vendas em bancas, livrarias e supermercados. Podem, também, ter distribuição gratuita em empresas, de acordo com seu modelo de negócio. Existem três modos de distribuição de revistas impressas.

1. **Circulação paga**: A revista é vendida por um preço tanto por edição quanto por assinatura.
2. **Circulação não paga**: A revista é distribuída gratuitamente. Inclui anúncios e não precisa ter uma periodicidade semanal ou mensal.
3. **Circulação controlada**: A revista é especializada. Geralmente, é distribuída gratuitamente. Costuma estar associada a um tema, a uma situação, como um evento.

Analisaremos, agora, a produção gráfica da revista, que se inicia após a definição do *briefing*, e a produção do texto, que segue com a pesquisa e a definição do projeto gráfico. Caso a revista já tenha um projeto gráfico, o designer se empenha na pesquisa de material (arte, imagem, ilustração). Os elementos visuais estão inclusos no processo de produção. Algumas editoras de revistas apostam em uma editoração em que cada matéria, normalmente, apresenta um *layout* temático, deixando, assim, a distribuição para outro momento.

2.3.4 Produção

A produção é dividida em duas etapas. A primeira é a produção editorial, que se refere ao texto em si. A segunda é a produção gráfica, que se dedica aos elementos visuais que compõem a revista e aos processos de produção. Para entender melhor essa questão, a seguir apresentamos duas situações que podem originar uma revista.

Seguem as etapas de início de produção de uma revista, partindo-se da criação. Observe as situações 1 e 2 para exercitar sua visão empreendedora e inovadora.

Situação 1

Determinada empresa percebeu que pode lançar uma revista para seus clientes, seus fornecedores e seus funcionários, a fim de garantir que suas informações cheguem ao mercado e de atingir as metas de vendas. Essa ideia partiu do gerente de *marketing* (muitas vezes, as revistas segmentadas partem do *marketing* de alguma empresa). Esse departamento entrou em contato com uma editora famosa de revistas, para garantir que a ideia chegasse a um resultado positivo. Nessa situação, há um setor importante que determina alguns procedimentos: o comercial. O setor comercial dessa empresa verificará e disponibilizará o valor que poderá ser gasto com essa nova comunicação. Em seguida, entrará em contato com algumas editoras para realizar orçamentos e, após aprová-los, participará do *briefing* editorial.

Situação 2

A Editora X quer conquistar mais público. Em uma reunião do setor comercial com a diretoria, chegou-se ao consenso de que o ideal seria a criação de um novo título, uma nova revista.

Em ambas as situações, é realizada uma reunião para que se faça um novo *briefing* editorial. Com isso, inicia-se um projeto de design por meio do *briefing*.

2.3.5 *Briefing* editorial ou ficha editorial

Como já introduzimos no Capítulo 1, o *briefing* editorial – ou *ficha editorial* – é o primeiro passo da produção de uma revista. Geralmente, é decidido em reuniões, sejam físicas, sejam remotas (por vídeo). Aqui, trataremos somente do *briefing* editorial, que deve ser realizado para guiar as ações dos setores editorial, de produção, de distribuição, de venda e de *marketing* – ou seja, deve ser o mais detalhado possível.

Além disso, é possível customizar a revista para determinada empresa ou marca, como é o caso da revista do laboratório Delboni, um grande laboratório médico da cidade de São Paulo. Esse tipo de revista é voltado para um público específico (geralmente, formado por consumidores, funcionários e fornecedores).

Normalmente, esse tipo de *briefing* é realizado na própria editora e com a participação de toda a equipe. Ele deve conter informações sobre o cliente; a empresa; o produto e/ou o projeto que será desenvolvido, direta e indiretamente; o público-alvo;

as características físicas do produto; e tudo o que for pertinente à publicação.

Confira, a seguir, um modelo de *briefing* editorial aplicado às situações 1 e 2.

Situação 1 - Empresa de peça mecânica

- **Qual será o tipo de publicação?**
  Uma revista sobre peças mecânicas e informações da empresa.
- **Qual será o título?**
  Revista Mecânica.
- **Qual será o subtítulo?**
  Tudo sobre a Empresa X.
- **Qual será o formato (em mm)?**
  200 x 260 mm
- **Qual será o número de páginas previsto?**
  98 páginas.
- **Qual será o tipo de impressão – em cores ou preto e branco (p/b)?**
  Offset, em cores.
- **Qual será o tipo de acabamento?**
  O orçamento ainda será definido.
- **Qual será o papel?**
  O orçamento ainda será definido.
- **Qual será o público-alvo?**
  Funcionários, clientes, fornecedores e participantes de eventos realizados pela empresa (ou dos quais a empresa participar).

- **Quantas serão as seções?**
  Em torno de duas (isso será definido na reunião de *briefing*).
- **Quais serão os anunciantes?**
  Não se aplica a este caso.
- **Qual será o local de venda e/ou de distribuição?**
  A revista será distribuída para funcionários, visitantes, vendedores, clientes e fornecedores. Também será distribuída em eventos gerais que a empresa atuar.
- **Quais serão os principais concorrentes?**
  Não se aplica a este caso.

Situação 2 – Editora

- **Qual será o tipo de publicação?**
  Revista feminina juvenil.
- **Qual será o título?**
  Rejuvenil – junção dos termos *revista* e *juvenil*. O nome deve ser discutido e pesquisado no mercado concorrente. Pode mudar até o final da produção da edição.
- **Qual será o subtítulo?**
  A sua leitura mensal de bem-estar.
- **Qual será o formato (em mm)?**
  200 × 260 mm.
- **Qual será o número de páginas previsto?**
  98 páginas.
- **Qual será o tipo de impressão – em cores ou p/b?**
  Offset, em cores.
- **Qual será o tipo de acabamento?**
  Capa com acabamento especial (pesquisar no mercado).

- **Qual será o papel?**
  Papel *couché*.
- **Qual será o público-alvo?**
  Pessoas com idade entre 12 e 20 anos.
- **Terá quantas seções?**
  Cerca de quatro seções: (1) fofoca; (2) assuntos gerais; (3) relacionamentos; e (4) esoterismo.
- **Quais serão os anunciantes?**
  Haverá quatro especiais de página inteira de marcas famosas e duas páginas com anúncios de meia página sobre o tema esporte.
- **Qual será o local de venda e/ou de distribuição?**
  Bancas, livrarias, redes sociais e internet.
- **Quais serão os principais concorrentes?**
  Editora Y e Editora Z (geralmente, esta seção informa os títulos).

MÃOS À OBRA

Você, leitor, com base em tudo o que leu até aqui, pode realizar um treino. Pegue alguma revista de sua escolha e refaça seu *briefing*, como se você fosse o editor. Se for possível, realize também as etapas de criação e de arte.

2.4 Produção editorial

Como indicamos anteriormente, essa é a primeira etapa do processo, e esse setor, em sua maioria, é composto por profissionais de jornalismo, como redatores e revisores. É de responsabilidade desses profissionais a produção do texto e das pautas das matérias, juntamente com o gerente editorial. Geralmente, esse departamento cuida somente do texto, podendo haver exceções em algumas editoras. Após a reunião de *briefing* editorial, esse departamento segue para gerar o texto. O profissional tem de saber escrever e entender seu cliente – no caso, o objetivo que a revista quer atingir.

De maneira resumida, após a reunião do *briefing* editorial, inicia-se a produção dos textos e das matérias. O mesmo departamento realiza o texto de que precisaremos para compor a revista e a capa. A seguir, são apresentados os elementos do editorial de que o designer precisará.

Títulos

Tornam a leitura mais fácil e chamam a atenção do leitor. Quem nunca comprou um livro, uma revista ou um jornal apenas pelo título? Antes de ler a matéria, o leitor é levado a passear pela composição da página, de que falaremos mais adiante. Geralmente, utilizam-se frases curtas.

Antetítulos

São textos, palavras e expressões que ficam no alto da página, antecedendo a abertura da matéria ou reportagem. Referem-se à seção e têm a função de indicar o assunto – por exemplo, no alto da página, há a palavra *maquiagem* e, em seguida, a reportagem sobre esse assunto.

Subtítulos

São textos que dão uma introdução à matéria ou ao conteúdo que se quer informar. Podem ter mais de duas linhas e menos de quatro.

Legendas

São textos que trazem informações sobre uma imagem, que fazem uma introdução. Hoje em dia, são muito importantes por causa da acessibilidade. As legendas devem conter a fonte da imagem também (a origem da imagem).

Olho

São trechos que resumem as informações importantes dos textos.

Olhinho ou janela

São trechos que receberão destaque na página.

Títulos de quadros

São textos que chamam para algum boxe (caixa) especial, ou seja, para algum destaque.

PRESTE ATENÇÃO!

Uma curiosidade que mistura livro e revista é a literatura de cordel, que podemos encontrar, facilmente, na Região Nordeste do país. Marinho (2022, grifo do original) menciona o seguinte:

> A literatura de cordel veio para o Brasil com os portugueses, criando no Nordeste brasileiro essa cultura do cordel, que ainda hoje é tradicional. Por ser uma literatura local, sua existência fortalece o folclore e o imaginário regional, além de incentivar a leitura. Hoje, a literatura de cordel é reconhecida como patrimônio cultural imaterial, tendo até mesmo uma Academia Brasileira de Literatura de Cordel. Graças a impressão em grande quantidade, o cordel popularizou-se por imprimir em papel as histórias rimadas dos repentistas que improvisavam **rimas** nas ruas e, depois, continuou sendo muito popular por contar histórias de maneira simplificada para seus leitores.

Para fazer bons títulos, o jornalista tem de escrevê-los várias vezes. Também são influenciados pela linguagem da revista e pelo público-alvo, podendo, portanto, ser formais e informais.

A revista tem de levar em conta o vocabulário do público-alvo. Um bom jornalista de revistas informativas e investigativas procura sempre a qualidade do texto e da informação, a fim de gerar uma revista de qualidade e que tenha credibilidade no mercado, como é o caso da revista *Veja*, da Editora Abril. O texto tem de ser bem compreendido pelo leitor e deve ser coerente com o que se quer passar, ser fácil de ler e ser crítico, mas sem interferência do profissional. O texto também pode ser uma tradução de um artigo, de uma revista etc. O material a ser traduzido deve ser enviado a um tradutor, preferencialmente um profissional experiente na área.

O texto passa diversas vezes pela revisão. Um texto, para ser bem revisado, precisa que o revisor tome o máximo de cuidado para não alterar seu sentido. Além disso, o revisor deverá ter um excelente vocabulário. Após a revisão, o texto retorna com marcações específicas para correção e/ou para ajustes. Não há limite de revisões, mas evitamos, ao máximo, devolver o texto mais de cinco vezes ao revisor.

Todos esses elementos são indicados pelo jornalista e/ou pelo responsável editorial ao passar o texto para a etapa de produção. O editor fará a revisão final do texto, avaliando a estrutura das correções e elaborando todos esses elementos. Isso acontece tanto nas revistas impressas quanto nas digitais.

PRESTE ATENÇÃO!

A professora Daniela Diana (2022), em seu *site*, define bem como escrever um bom texto. Para isso, é preciso saber de qual tipo de texto estamos falando. Essa produção, que chamamos de *produção textual*, envolve os seguintes tipos:

1. **Texto dissertativo**: Gênero argumentativo que serve para defender uma ideia. Trata-se de um texto de opinião, como é o caso de artigos e ensaios.
2. **Texto narrativo**: Apresenta a narração de acontecimentos e ações de personagens em determinado tempo e espaço, como no caso de crônicas, contos e romances.

3. **Texto descritivo**: Serve para descrever pessoas, animais, objetos, lugares etc., como no caso de diários, relatos e currículos.
4. **Texto injuntivo**: Apresenta instruções para a realização de determinada atividade, como receitas e manuais de instrução.
5. **Texto expositivo**: Apresenta um tema, um conceito ou uma ideia, como no caso de seminários e enciclopédias.

2.5 Produção gráfica

A página da revista deve atrair a atenção do leitor não somente pelo tema e pelo texto, mas também pelo seu projeto gráfico, que é constituído pelos elementos que compõem uma revista. Essa etapa é produzida no departamento de produção gráfica, do qual faz parte o profissional de design, geralmente chamado de *designer gráfico*. Pode-se, também, nessa etapa, contratar, como já mencionamos, um escritório de design gráfico, cujos designers entregarão um projeto gráfico pronto.

O designer gráfico iniciará o projeto gráfico, que é formado por elementos que dão cara ao projeto e à revista em si. São realizados estudos referentes a tipografia, cores, diagramação, fotografia, imagem e ilustração. É determinante a definição da identidade visual a ser seguida, pois o projeto faz a diferença para o sucesso do título. A capa é o fator principal para atrair o leitor e destacar o material com relação à concorrência. É a apresentação da revista, como se fosse o cartão de visita, a identidade daquela publicação. Como vimos, uma capa mal elaborada pode destruir uma publicação, que poderá nem mesmo seguir para as demais edições.

IMPORTANTE!
Edições: Publicações, reproduções. Em editorial de revista e de livros, a edição é a sequência de produção. Por exemplo, em seu lançamento, a revista está em sua primeira impressão e edição; no mês seguinte, há outra edição, com novos textos, que será a de número dois. Mas atenção: *edição* é diferente de *impressão*.

2.5.1 Produtor gráfico

O produtor gráfico é o profissional da área que define o processo de produção e/ou que contrata profissionais para cada etapa do processo, sendo de sua competência o acompanhamento de toda a produção; a solicitação de cotações; a busca de novas tecnologias e informações; e a contratação de fornecedores.

A arte gráfica, que está presente na produção gráfica, é o conjunto de técnicas e de habilidades relacionadas à imprensa. Antes do surgimento das artes gráficas, eram feitos manuscritos, que podemos encontrar em alguns museus – ou seja, eram produzidas poucas unidades. Com a invenção de Gutenberg (a prensa de tipos móveis), foi possível chegar até mais pessoas.

Deve-se seguir a etapa de produção gráfica conforme a seguinte sequência de produção:

1. Projeto gráfico.
2. *Layout* ou Leiaute.

3. Editoração.
4. Diagramação.
5. Orçamento.
6. Impressão.
7. Acabamento.
8. Logística.
9. Finalização.

Os itens listados anteriormente serão analisados mais adiante individualmente, por conta da grande complexidade que há em cada um deles.

2.6 **Projeto gráfico**

O projeto da revista pode ser elaborado por um estúdio especializado, por um especialista independente ou, até mesmo, por um designer da empresa. Nessa etapa, cria-se a concepção, o visual da revista. O processo para a obtenção do projeto gráfico consiste nos passos apresentados a seguir.

2.6.1 **Pesquisa e conceito**

A primeira etapa é a pesquisa, que é realizada com base no *briefing* editorial. O designer deve realizar pesquisas visuais; selecionar imagens de concorrentes; verificar conceitos da editora/empresa; e reunir todo e qualquer tipo de informação visual necessária, como se criasse um mapa visual. Esse mapa se chama *painel semântico* e deve reunir elementos visuais e guardar imagens, fontes e revistas dos concorrentes. Essa pesquisa é realizada com a equipe e/ou com a direção editorial, devendo ser apresentada posteriormente em uma reunião para o fechamento do projeto.

Após a pesquisa, podemos conceber conceitos para a edição: se terá mais textos do que imagens; se sua cor será laranja etc.

2.6.2 Criação

O processo criativo sucede a pesquisa e a geração de conceito. Muitas vezes, ocorre mediante visualização e/ou pela técnica de painel semântico ou *mood board*, que consiste em juntar elementos visuais (cores, formas, texturas, cenários) em um quadro para expor uma ideia, um conceito. Pode mostrar, também, um pouco do *briefing* por meio de imagens, como a idade do público-alvo, os anunciantes de determinada revista, o visual da concorrência e o conceito da empresa. É amplamente utilizado por designers e, hoje, é empregado também na composição de redes sociais.

O painel semântico pode ser desenvolvido física e digitalmente. No primeiro caso, você poderá coletar imagens em mídias impressas (jornais, revistas, livros) e colá-las em um grande painel, fixando-o a uma parede. Já no formato digital, pode-se utilizar *softwares* gráficos e aplicativos que possibilitem a organização das imagens. Um exemplo é o *site* ou aplicativo Canva, conforme indica a Figura 2.1.

Crie painéis semânticos inspiradores com o Canva

Painel semântico é um processo de criação no âmbito do projeto gráfico. Tem a finalidade de construir uma identidade visual física ou digital. Pode estar presente em todo o processo.

Figura 2.1 - **Painel semântico**

ABO PHOTOGRAPHY, Daxiao Productions, Evgeny Karandaev, Numbetto, Peera_stockfoto e Net Vector/Shutterstock

Para criar o projeto gráfico, existem diversas técnicas. Uma que tem sido muito utilizada é o *design thinking*, expressão de origem inglesa que significa "pensamento de design" – ou seja, reúne elementos para o pensamento criativo, a fim de auxiliar no processo criativo.

Design thinking

No *design thinking*, são realizadas etapas do processo de criação, sobretudo quando se envolvem outros elementos externos, geralmente de outro departamento. É utilizado para criar um produto ou serviço com novos pontos de vista e agilidade, além de ajudar a entender os erros e a evoluir mais rápido. O *design thinking* permite que se abram novas possibilidades de criação e se fundamenta nos conceitos de empatia, experimentação e prototipagem.

EMPATIA:

Implica entender o outro melhor – no caso dos produtos, os anseios dos consumidores –, a fim de melhorar os produtos existentes e criar novos.

EXPERIMENTAÇÃO:

É arriscar-se, gerar ideias, criar e permitir-se acertos e erros. No processo criativo em grupo, é a fase em que todos exibem suas opiniões, criativas ou não.

PROTOTIPAGEM:

A prototipagem cria modelos. É muito utilizada no design de produto e na publicidade. Trata-se da concretização das ideias aprovadas na fase de experimentação.

O processo é realizado por fases, até a obtenção da solução da empresa. Muitas organizações nem chegam a conclui-lo, mas o processo é muito importante para a obtenção de um novo ponto de vista.

Para aplicar o *design thinking*, é necessário ter conhecimento da organização. Os envolvidos devem desenvolver sua empatia e criar um espírito de colaboração, como já mencionamos. É preciso, para isso, realizar as seguintes fases:

1. **Imersão**: Fase do entendimento. Começa com o entendimento de si mesmo e da empresa. Nela, o problema é identificado.
2. **Análise e síntese**: Trata-se de análise e síntese das informações coletadas durante a imersão para entendimento do problema identificado.
3. **Ideação**: Início da solução do problema. O *brainstorming* fomenta ideias e gera *insights*. A equipe tem de se sentir à vontade para interagir. Não pode haver receios.
4. **Prototipagem**: Serve para sentir como a solução se comporta na prática. É compatível tanto com produtos quanto com serviços.
5. **Teste**: Consiste na checagem e na testagem dos protótipos.

PARA SABER MAIS

Para se aprofundar nesse assunto, você pode ler o livro *Design thinking: uma metodologia poderosa para decretar o fim das velhas ideias*, de Tim Brown. Com esse livro, você conhecerá mais detalhes sobre a técnica.

BROWN, T. **Design thinking**: uma metodologia poderosa para decretar o fim das velhas ideias. Tradução de Cristina Yamagami. Rio de Janeiro: Alta Books, 2009.

Semiótica

A semiótica é a ciência humana criada pelo cientista Charles Sanders Pierce. Seu nome vem da raiz grega *semeion*, que significa "signo" – ou seja, é o estudo dos signos da linguagem, que são essenciais à comunicação. Ao nos comunicarmos por meio da leitura, das formas impressas, da interação, dos movimentos, dos traços, das cores, dos gráficos, dos gestos, entre outros, lidamos com linguagens.

A semiótica tem como objetivo investigar as linguagens possíveis de comunicação e sua contribuição para a produção de sentido e de significado em uma comunicação. Em suas pesquisas, Pierce concluiu que tudo o que a consciência faz é a gradação de três propriedades da comunicação, que correspondem aos três elementos formais do signo de toda e qualquer ciência:

1. Qualidade.
2. Relação.
3. Representação.

Para Pierce, há uma enorme quantidade de signos distribuída pelo texto:

- **signo**: na comunicação, representa o objeto;
- **significado**: na mensagem, atua no texto, no conceito, na ideia;
- **significante**: é a palavra.

A teoria de Pierce é muito estudada pela sua complexidade, que apenas sintetizamos em signo e significante. Esse conhecimento é importante para a interpretação da sua página de revista pelo leitor. No livro *Semiótica*, de Santaella (1983), há um estudo de como o signo, o significado e o significante interferem na comunicação.

Após a reunião dos elementos iniciais, os estudos de conceitos seguirão para a produção inicial do *layout*.

Layout ou Leiaute

É um esboço com a indicação da forma e dos elementos visuais, especificando, para a diagramação, a disposição desses elementos. Pode ser encontrado como cálculo da posição dos parágrafos, da tabulação, do texto e da imagem. É realizado em *softwares* de editoração eletrônica – no caso do design de revista, no InDesign.

Na publicidade, é utilizado para a aprovação do cliente e para indicar a disposição dos elementos visuais, como texto, ilustração e foto. Não é tão diferente no design: na editoração, consiste em uma projeção da revista e na criação do projeto gráfico, indicando anúncios, fontes, cor, formato e capa.

Há, também, a necessidade de realizar o plano da revista, que se chama ***espelho*** ou ***boneca***. É um tipo de protótipo da revista. No espelho, monta-se a revista e são distribuídos os espaços – textos, anúncios, imagens. O espelho será a base para a diagramação. Algumas revistas com projetos de design gráfico já consolidados realizam esses espelhos depois da diagramação. A criação dessa composição estuda, também, outros conceitos, como a semiótica.

Componentes estéticos

São todos os elementos que podem compor a página. Como demonstraremos mais adiante, são os elementos estéticos que constroem o visual. A utilização de um *software*, de um equipamento e até de elementos estáticos, como um ponto, uma linha e uma cor, compõe um elemento estético.

2.6.3 Fotografia

É importante o conhecimento da fotografia para se obter uma imagem bonita que traduza um texto. Quem nunca ouviu que uma imagem vale mais do que palavras, por traduzir bem um texto e seu contexto? Temos as fotografias profissionais e amadoras. Atualmente, ambas se misturam em bancos de imagens virtuais.

É importante que o designer conheça um pouco de fotografia. Antigamente, o conhecimento era mais amplo, pois o processo era todo manual. Atualmente, é mais digital. As câmeras antigas utilizavam filmes preto e branco (p/b) e coloridos. Com os meios digitais, com apenas um botão, podemos transformar uma imagem p/b colorida e vice-versa.

> **Câmera digital**
>
> Não utiliza filmes fotossensíveis, mas registra a imagem eletronicamente, por meio de *bits* e de dados numéricos. As informações são armazenadas e transmitidas para um computador por meio de *softwares* de tratamento de imagem, que possibilitam a modificação e a melhoria das imagens.
>
> *Bit* é um termo inglês que remete à expressão *binary digit* ("dígito binário", em português). É a menor unidade de informação que pode ser armazenada ou transmitida em informática. Seu valor vai de zero a um. Para nós, cabe somente entender o que é um *bit*. Se desejar saber mais sobre o assunto, acesse o seguinte endereço eletrônico:
>
> FONSECA, W. O que é bit? **TecMundo**, 2 set. 2008. Disponível em: <https://www.tecmundo.com.br/programacao/227-o--que-e-bit-.htm>. Acesso em: 11 mar. 2022.

Partes que compõem a câmera

CORPO

O **obturador** controla o tempo que a luz penetra na câmera, como se fosse uma janela que controla a luz. O controle se dá em relação ao tempo.

O **diafragma** controla a abertura da passagem da luz, que é medida em escala: quanto maior for a abertura para a passagem da luz, mais luminosidade haverá.

O **fotômetro** é um dispositivo que mede a luz. Ainda é muito utilizado. Pode ser manual (externo) ou embutido na câmera. Os manuais medem a luz incidente e a luz refletida, ao passo que os embutidos medem apenas a luz refletida.

IMAGEM DIGITAL

É a imagem que aparece em um meio ou dispositivo digital. A entrada é feita por meio de uma máquina digital, de um celular e de um escâner. Geralmente, é armazenada em computadores e em HDs externos. A saída ocorre por uma impressão. A manipulação é realizada com *softwares* específicos. O mais utilizado é o Adobe Photoshop.

FOCO

Engloba o enquadramento dos elementos e a visualização no campo de visão da lente.

Um HD externo é um aparelho que salva os arquivos digitais fora de seu computador. É ideal para fazer *backup* de arquivos digitais, como antigamente era o caso do CD, do disquete e do *pen drive*. É essencial nos dias atuais.

Alguns conceitos da fotografia foram mantidos nos meios digitais, mas, atualmente, o registro do momento é mais importante. A fração de segundos nos revela imagens muito significativas.

PARA SABER MAIS

Alexandre Wollner foi um excelente profissional e professor de Design. Atuou em vários dos processos que apresentamos até este momento e em vários dos processos que abordaremos nos próximos capítulos. Sugerimos que confira o filme a seguir.

ALEXANDRE Wollner e a formação do design moderno no Brasil. Direção: Gustavo Moura. Brasil, 2005. 85 min.

MÃOS À OBRA

Exercite sua criatividade com atividades simples. Entre em uma banca de jornal, verifique as revistas, os títulos, as capas e os assuntos e faça anotações, caso não consiga comprar todas as revistas. Verifique que revistas têm meios digitais e confira seu *layout*. Faça um relatório e sugira mudanças. Assim, você treinará a pesquisa e o visual.

SÍNTESE

Neste capítulo, vimos o começo de todo o processo do design editorial. Apresentamos o *briefing* editorial e sua utilização na geração de um projeto gráfico. Logo em seguida, abordamos mais sobre o texto e o departamento editorial, que também compõem a produção de uma revista. Na sequência, tratamos brevemente do departamento de produção gráfica, que, de fato, comporá uma revista, executando o projeto gráfico. Mencionamos, ainda, algumas partes técnicas pertinentes ao design e aos profissionais de cada área.

A revista é um produto da comunicação e da informação. Assim, os designers estão intimamente ligados às sociedades antigas e modernas. Evidenciamos, dessa forma, que esse profissional é responsável pela transformação de produtos, de conhecimentos e de culturas; e que a criação está presente constantemente nesse processo. Observamos, assim, que a produção gráfica é composta de elementos e processos. Por fim, mencionamos um pouco da fotografia, elemento que conversa por meio de imagens.

MAGAZINE LAYOUT #2

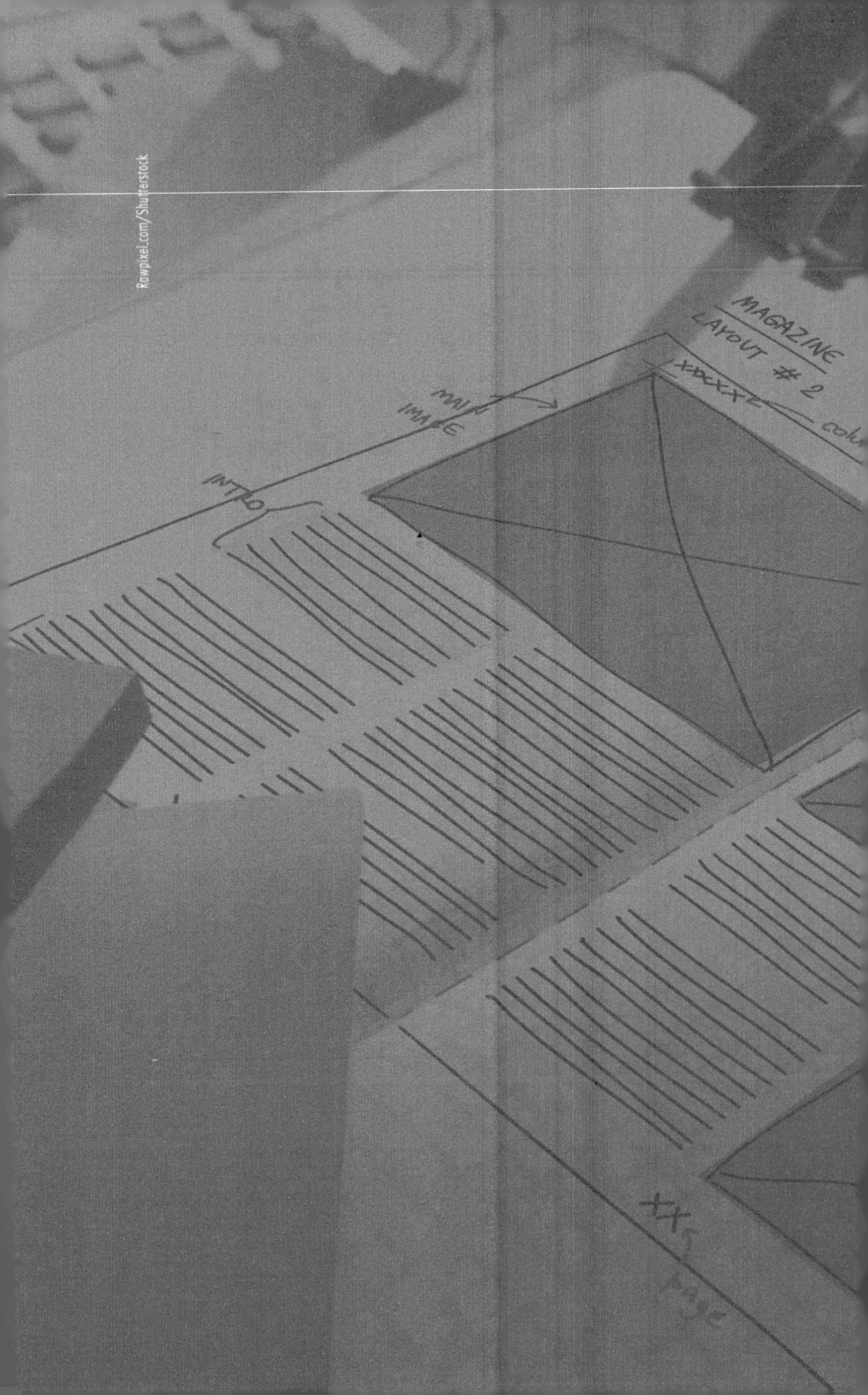

MAIN IMAGE

INTRO

XXXXX — colm

XXg page

CAPÍTULO 3

ELEMENTOS DO PROJETO GRÁFICO I

No capítulo anterior, esclarecemos que o projeto de uma revista pode ser realizado por um estúdio especializado, um especialista independente ou um design da própria empresa. Nessa etapa, cria-se a concepção, o visual da revista. Também falamos um pouco sobre a fotografia e sua importância em um projeto gráfico de revista – tanto para um projeto impresso quanto para um projeto digital. Ainda, introduzimos os componentes que fazem parte de um projeto gráfico.

Neste capítulo, trataremos um pouco mais da fotografia, da imagem e de outros elementos gráficos do processo de produção e apresentaremos os demais elementos que farão (ou que poderão fazer) parte dessa etapa. Lembramos que cada projeto é único de cada designer e de cada empresa.

3.1 Escâner

É um instrumento muito utilizado para digitalizar documentos, principalmente os antigos, e torná-los acessíveis nos meios digitais. Já foi muito importante para o designer, que o utilizava para escanear fotos e imagens. Seu processo se assemelha ao da fotografia convencional. Também registra a imagem com o nível de qualidade controlado por minúsculos elementos, os *pixels*, que são convertidos em sinais digitais. Esses sinais podem ser modificados com o uso de *softwares* específicos.

O escâner foi patenteado pelo estadunidense Alexander Murray. Como colaborador da antiga Kodak, ele apresentou o primeiro escâner com separação de cor em 1937, que veio a ser muito utilizado, anos depois, pela indústria gráfica. Esse equipamento também permitia a ampliação e a redução da imagem. Para se realizar a operação, é necessário que o equipamento esteja ligado a um computador.

Geração de computadores

A palavra *computador* vem de *computar*. Podemos imaginar sua relação com o antigo ábaco, instrumento chinês de cálculo do século V a.C.

PRIMEIRA GERAÇÃO (1951-1959)

Utilizavam-se circuitos eletrônicos e válvulas. O uso do computador era restrito. A programação era refeita a cada tarefa. Havia problemas de grande consumo de energia e de aquecimento. Geralmente, o computador quebrava após algumas horas de uso, e seu processamento era bastante lento. Nessa geração, os computadores calculavam com uma velocidade de milésimos de segundo e eram programados em linguagem de máquina.

SEGUNDA GERAÇÃO (1959-1965)

Os computadores eram de uso comercial. Para os padrões de hoje, seu tamanho era enorme e sua capacidade de processamento era muito pequena. Os computadores dessa geração já calculavam em microssegundos (milionésimos).

TERCEIRA GERAÇÃO (1965-1975)

Nessa geração, foram criados os circuitos integrados, o que diminuiu o formato dos computadores. Havia uma capacidade maior de processamento. Iniciou-se, nessa época, a produção de computadores pessoais. Os transistores foram substituídos pela tecnologia de circuitos integrados (associação de transistores em pequenas placas de silício). Além disso, outros componentes eletrônicos foram miniaturizados e montados em um único *chip*. Os computadores já calculavam em nanossegundos (bilionésimos de segundo).

Os computadores com circuito integrado (CI) se tornaram muito mais confiáveis e menores, possibilitando equipamentos mais compactos e mais rápidos em virtude da proximidade dos circuitos. Havia um baixíssimo consumo de energia e um menor custo de produção. Nessa geração, surgiu a linguagem de alto nível, orientada para os procedimentos.

QUARTA GERAÇÃO (A PARTIR DE 1975)

Nessa época, surgiram os aplicativos, os *softwares* integrados, os processadores de texto, as planilhas e os bancos de dados. Em 1977, foram criados os microprocessadores, os microcomputadores e os supercomputadores. Passaram a ser produzidos em grande escala comercial, sendo de fácil acesso até os dias atuais.

QUINTA GERAÇÃO (A PARTIR DOS ANOS 2000)

As principais características dessa geração são os supercomputadores; a automação da produção e os serviços digitalizados; a internet; o CAD/CAM; a introdução da robótica e da imagem virtual nas escolas; e a multimídia.

Todas essas informações servem como uma introdução ao avanço da tecnologia e, consequentemente, ao escâner. Esse aparelho utiliza uma luz *laser* para escanear, pois permite alta velocidade de exposição à luz. A luz passa por um vidro – prisma – em que está inserido o material ou objeto a ser escaneado. Por meio de um comando e de um *software* específico, é possível realizar a gravação de dados transformados em imagem, a qual é transformada em pontos.

3.2 Resolução

Notamos que, mesmo na fotografia digital e nos escâneres, fala-se em *resolução*. A resolução é a definição da imagem, ou seja, sua qualidade. Com uma baixa resolução, a imagem ficará ruim, desfocada e/ou sem nitidez ao ser ampliada.

A resolução é medida em *pixels* (menores elementos da imagem) e está dividida em resolução de entrada, resolução de tela e resolução de saída.

Resolução de entrada

Refere-se ao número de elementos que o dispositivo de leitura (no caso, escâner e máquina fotográfica) consegue capturar. É medida em *pixels* por polegada (*pixels per inch* – ppi). Cada ponto de saída é representado, na imagem, como um *pixel*. Existem dois tipos de resolução de entrada:

1. **resolução óptica**: é a resolução real que o escâner consegue capturar;

2. **resolução interpolada**: é criada pelo escâner, por meio de cálculos matemáticos, e medida em pontos por polegada (*dots per inch* – dpi).

Resolução de tela

Corresponde ao número de elementos que o monitor é capaz de mostrar e depende da placa de vídeo de cada equipamento. Não interfere na qualidade da imagem final.

Resolução de saída

É o número de elementos que o dispositivo de saída (impressora, celulares e outros) é capaz de reproduzir.

Pixel

Pixel é o menor elemento de um dispositivo de exibição (por exemplo, um monitor) ao qual é possível atribuir uma cor. De maneira simplificada, um *pixel* é o menor ponto que forma uma imagem digital, sendo que um conjunto de *pixels* com várias cores forma a imagem inteira. A palavra *pixel* é um estrangeirismo proveniente do inglês.

PARA SABER MAIS

Você pode se divertir e conhecer um pouco mais sobre o *pixel* no filme *Pixels*. Confira mais informações sobre esse filme no *site* Adoro Cinema.

ADORO CINEMA. **Pixels**. Disponível em: <http://www.adorocinema.com/filmes/filme-202798/>. Acesso em: 11 mar. 2022.

3.3 **Tipografia**

A tipografia envolve a área de estudo dos tipos ou caracteres tipográficos. Em meados do século XIX, o francês Francis Thibaudeau (1860-1925) agrupou as fontes com base em suas semelhanças, formando grupos distintos. A tipologia existe desde os primórdios, como mencionamos no Capítulo 1. Era desenhada e, por isso, sofreu grande influência da arte. Na era da industrialização, com a mecanização dos desenhos das letras, as fontes sofreram alterações para se encaixar no novo processo de produção.

A *tipometria* se refere ao estudo das medidas utilizadas para determinar o tamanho do caractere usado pela tipografia. Atualmente, os caracteres são mais conhecidos pela fonte e pelo tamanho da fonte presentes nos *softwares*, conforme indica a Figura 3.1. Isso facilitou bastante o tempo de criação e de produção. Há, ainda, algumas gráficas que se utilizam dos *tipos móveis*, como eram chamados na composição gráfica.

Figura 3.1 – **Ícone de fonte no Microsoft Word**

A preocupação visual vem de décadas atrás. Antes, usava-se a tipologia gótica pelo sistema de impressão de xilogravuras, que veremos mais adiante, no conjunto de sistemas de impressão. Para a ilustração, empregavam-se obras de arte lapidadas à mão em uma fôrma de impressão. Assim os impressos eram finalizados.

Por volta de 1465, Schweinhein e Pennatz definiram a base do desenho das letras maiúsculas, minúsculas, itálicas e romanas. Os colaboradores, ao longo da história, costumavam batizar a fonte com seu nome. Daí vêm as fontes Garamond, Bodoni, Elzevir e várias outras. Hoje existem inúmeras fontes no mercado, algumas das quais já vêm com os *softwares*; outras podem ser compradas em *sites*, como os da Adobe e da Dafont.

3.3.1 Estrutura dos caracteres

É importante conhecer a letra e sua formação, conforme indica a ilustração a seguir.

Figura 3.2 – **Estrutura da fonte**

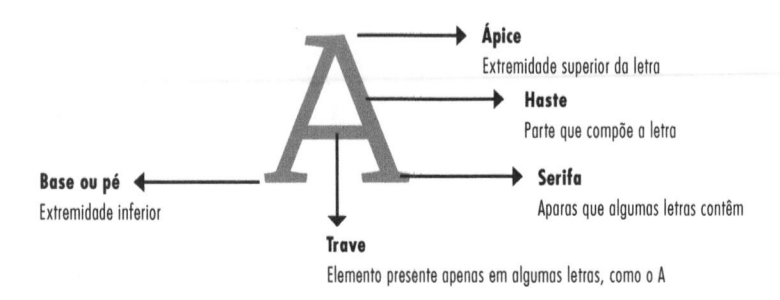

Ápice
Extremidade superior da letra

Haste
Parte que compõe a letra

Base ou pé
Extremidade inferior

Serifa
Aparas que algumas letras contêm

Trave
Elemento presente apenas em algumas letras, como o A

A Figura 3.3 ilustra bem os tipos de serifa.

Figura 3.3 – **Tipos de serifa**

Serifa linear   Serifa curvada   Serifa quadrada   Serifa slab   Serifa triangular

Classificação dos grupos de tipos ou fontes

FAMÍLIA LAPIDÁRIA

Criada na Alemanha no século XIX, as fontes da família lapidária eram feitas com bastões sobre lápides de argila. Trata-se de um grupo que não apresenta serifa, é legível e muito utilizado em publicidade.

Não são fontes recomendadas para grandes volumes de texto, pois podem torná-los cansativos. Um exemplo de fonte dessa família é a Arial.

FAMÍLIA ROMANA ANTIGA

Criada na França no século XVI, foi inspirada na escrita monumental romana, que era cravada em pedra e em bronze. Trata-se de uma família de fontes de caracteres mais legíveis. Perceba, na Figura 3.4, como as fontes são compostas: apresentam contraste nas hastes, proporcionando ao leitor um descanso visual; e serifas (hastes) triangulares, tornando a leitura mais agradável. Como exemplos, temos as fontes Garamond e Book Antiqua.

Figura 3.4 – **Desenho da fonte Romana Antiga**

FAMÍLIA ROMANA MODERNA

Criada na Itália no século XVIII, é inspirada no alfabeto grego. Por isso, é importante o estudo da arte grega e de sua forte influência sobre o design. As fontes usavam traços com hastes nas letras retilíneas, dando-lhes beleza. Por causa do contraste das hastes, não são indicadas para textos de grande extensão. Como exemplo, temos a fonte Times New Roman.

FAMÍLIA EGÍPCIA

Criada pelos ingleses no início do século XIX, essa família imprime força nas suas hastes e nas suas serifas, o que a torna menos legível. Na Figura 3.5, há um exemplo de fonte dessa família.

Figura 3.5 – **Desenho da fonte Egípcia**

FAMÍLIA CURSIVA

Essa família não consta na classificação de Thibaudeau. Por isso, suas fontes não se enquadram em nenhuma das famílias anteriores. Suas hastes e suas formas são livres. Dividem-se em três grupos: as góticas, os manuscritos e as fantasias. Como exemplo, temos a fonte Bradley Hand cursive.

Independentemente do projeto a ser desenvolvido, devemos observar os seguintes critérios:

- **Legibilidade**: Os tipos apresentam maior ou menor legibilidade. Devemos escolher fontes que apresentem uma boa legibilidade para o leitor. Um exemplo de fonte que atinge todos os níveis de leitores é a Arial. O designer deve pensar em critérios antes de escolher a fonte ideal para cada texto. Esses critérios precisam englobar a quantidade de texto, a mensagem que se quer passar, o fundo, o sistema de impressão, o sistema digital etc.
- **Equilíbrio**: Os tipos (fontes) podem ser misturados em uma página, ainda mais quando há páginas duplas. No entanto, o uso de famílias de fontes deve ser equilibrado para não gerar confusão durante o processo de leitura.
- **Quantidade de texto e área do texto**: Devemos levar em conta quanto texto haverá em uma página e qual será sua importância.
- **Leitor, classe social, idade etc.**: A tipologia é voltada ao projeto e ao leitor. Para obter essas informações, devemos seguir o que está escrito no *briefing*. Não existe uma regra específica para isso, mas diversos autores relacionam as melhores fontes para cada idade. Assim, ao planejar um projeto, o designer deve pesquisar, no mercado e em artigos, a melhor fonte.
- **Tipo de suporte de impressão**: Está ligado ao papel e ao tipo de impressão.

Uma classificação referente à forma das fontes pode ser encontrada na caixa de texto dos *softwares*, conforme indica a Figura 3.6.

Inclinação

Largura

Tonalidade

Uso ortográfico:

- CA – Caixa-alta
- CA e Cbx – Caixa-alta e caixa-baixa
- Cbx – Caixa-baixa
- V. e VV – Versal/Versalete

Figura 3.6 – **Caixa de texto do Word com as classificações de fonte**

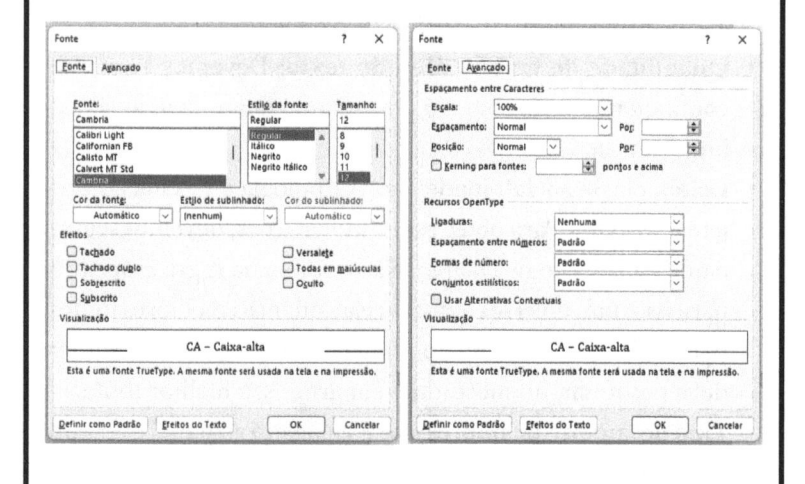

Todas as designações familiares têm fundamentação na sua origem histórica. Isso poderá auxiliar no entendimento do desenho das fontes e servir de justificativa para as opções em determinado projeto (memória descritiva).

3.4 Lauda

Lauda é o suporte dos textos originais, que, antigamente, eram datilografados em máquina de escrever. Nesse sentido, a lauda servia (e ainda serve) para facilitar o cálculo do espaço que o texto ocupará. Era muito utilizada em jornais. Consistia em uma folha A4[1] com uma moldura retangular impressa que determinava o número de toques. *Toque* é qualquer caractere, número, espaço e sinal da máquina de escrever. No computador, cada aperto de tecla corresponde a um toque.

Em 1985, foram apresentados o microcomputador Apple Macintosh e o *software* Page Maker 1.0, da Aldus Corporation, cujas fontes digitais eram licenciadas pela International Typeface Corporation (ITC) e tinham descrição PostScript da Adobe. Além disso, foi lançada a impressora Apple LaserWriter, com resolução de 300 dpi. Esse complexo formava o primeiro Desktop Publishing (editoração de mesa) – não se trata da revista homônima. Esse processo facilitou o trabalho dos artistas finalizadores, que se debruçavam sobre pranchetas com réguas para desenhar a página e as fontes. Assim, houve uma economia de horas na produção. Nesse contexto, as revistas puderam ter tempos menores de produção e, muitas vezes, ganharam um maior número de páginas.

Baer (1999) define as fontes eletrônicas e suas variações da seguinte forma:

- **Fontes vetoriais**: São constituídas por uma combinação de linhas e arcos definida por uma fórmula matemática.

---

[1] Explicaremos esse formato na próxima seção.

- **Fontes de tela**: São as fontes que vemos e que podem ser impressas. Geralmente, são iguais às da impressão, desenvolvidas pela empresa Adobe Systems Inc. Inicialmente, utilizava-se um programa de computador, o Type Manager, para controlar a fonte e garantir que não haveria erros de impressão. A Adobe lançou o pacote de fontes PostScript Type 1 para que a fonte de tela fosse a mesma da impressão. Lembremos que utilizávamos essa gama de fontes para não correr o risco de que saíssem códigos em vez de letras. Quando isso ocorria, era um grande prejuízo. Essa linguagem se modificou com o avanço da tecnologia e da impressão. Hoje em dia, encontramos uma enorme quantidade de fontes – algumas são até desenhadas – e sua impressão é igual à fonte de tela.
- **Fontes de impressora**: São fontes vetoriais que definem a impressão do texto. Antigamente, havia uma grande preocupação com a impressão dos textos. Você já viu alguma impressão em que o texto saiu assim: **abrndeocsi** ou ⍰⍰⍰⍰⍰⍰⍰⍰⍰⍰? Isso é um erro de fonte e de impressão no qual a fonte escolhida não é liberada na impressão. O designer deve ater-se muito a esse ponto.
- **Fontes fixas**: São definidas pelo seu tamanho, seu corpo, seu estilo e sua família. Quando faltar um corpo de fonte, sempre será substituído por uma fonte fixa do computador ou da impressora. As fontes fixas se mostram na tela e podem ser arquivadas em dispositivos. Pertencem a esse grupo aquelas fontes que encontramos em todos os *softwares*.

3.5 **Papel**

Esse é um dos itens com que mais devemos nos preocupar ao realizar um projeto. Por essa razão, deve ser abordado no início do projeto e durante a produção.

Acredita-se que o papel nasceu na China, por volta de 150 d.C. Cerca de mil anos depois, os europeus começaram a produzi-lo. As matérias-primas dos chineses eram o algodão, a palha e a madeira, que eram misturadas com água para formar uma massa. Essa massa era colocada para escoar e, depois, era alisada até se obter uma folha.

A partir do século VII, os árabes também desvendaram essa arte. No século XII, na Espanha, foi desenvolvido o sistema e a indústria papeleira, que, posteriormente, disseminou-se para o resto do mundo.

Até 1796, o papel era artesanal. Nessa época, surgiu a primeira máquina de fabricação de papel, cuja matéria-prima passou a ser o eucalipto, o qual até hoje é utilizado na produção industrial. Em 1803, Friedrich Koenig desenvolveu a produção cilíndrica, dando mais produtividade para os impressos.

A Associação Brasileira de Normas Técnicas (ABNT), em 1945, padronizou as medidas de papel para o formato final de impressos empregados na produção de livros, revistas e jornais, conforme indicado na Tabela 3.1.

Tabela 3.1 – **Formatos de papéis utilizados pelo mercado**

Formato DIN		Formato ABNT – Série A	
Símbolos	mm	Símbolos	mm
A0	841 × 1189	4A0	1682 × 2378
A1	594 × 841	2A0	1189 × 1682
A2	420 × 594	A0	841 × 1189
A3	297 × 420	A1	594 × 841
A4	210 × 297	A2	420 × 594
A5	148 × 2010	A3	297 × 420
A6	105 × 148	A4	210 × 297
A7	74 × 105	A5	148 × 210
A8	52 × 74	A6	105 × 148
Formato DIN			
A9	37 × 52		
A10	26 × 37		
A11	18 × 26		
A12	13 × 18		
A13	9 × 13		
Formato AA		**Formato BB**	
AA		BB	66 × 99
A		B	48 × 66
1/2A		1/2B	33 × 48
1/4A		1/4B	24 × 33
1/8A		1/8B	16 × 24
1/16A		1/16B	12 × 16
1/32A		1/32B	8 × 12

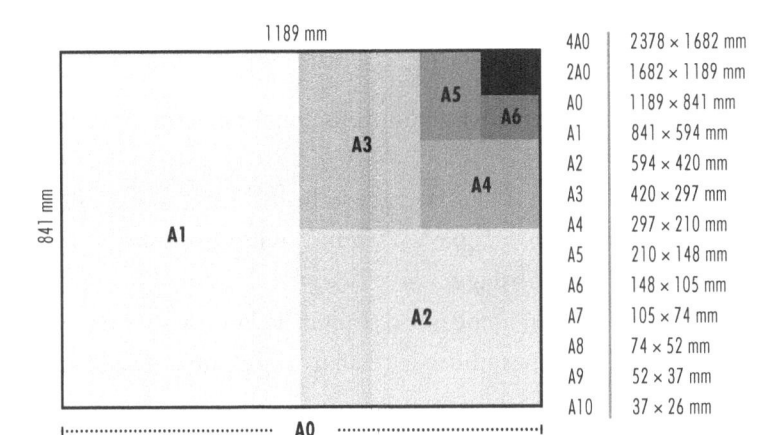

Figura 3.7 – **Formatos de papéis para impressão em gráficas**

4A0	2378 × 1682 mm
2A0	1682 × 1189 mm
A0	1189 × 841 mm
A1	841 × 594 mm
A2	594 × 420 mm
A3	420 × 297 mm
A4	297 × 210 mm
A5	210 × 148 mm
A6	148 × 105 mm
A7	105 × 74 mm
A8	74 × 52 mm
A9	52 × 37 mm
A10	37 × 26 mm

Fonte: Printi, 2020.

A massa ou pasta que forma o papel é sua matéria-prima bruta. Após esse processo, é dada a característica que os tornará classificáveis. Confira a seguir alguns tipos de papéis.

- **Acetinados**: Recebem uma camada de brilho dos dois lados.
- **Acetinados em cores**: Além de receberem uma camada de brilho dos dois lados, recebem cor, dependendo do projeto e da encomenda. Para fins comerciais, têm, geralmente, gramatura equivalente a 40g/m².
- **Bíblia**: É destinado para a impressão de Bíblias. É mais fino e de cor marrom. Pode conter linha d'água.
- *Bouffante*: É bem encorpado e absorve mais água.
- *Couché*: É revestido dos dois lados (L2) ou em apenas um lado (L1). Cada lado tem uma característica diferente. É mais

utilizado para imprimir revistas, em razão de sua qualidade de impressão. Pode ter revestimentos brilhantes e foscos.
- **Imprensa**: É mais utilizado para a impressão de jornais e periódicos.
- **Jornal**: É similar ao papel imprensa, mas não tem limitação de gramatura.
- **Monolúcido**: É caracterizado pelo brilho em um dos lados, que é obtido em máquina. É muito usado em rótulos, em cartazes e em embalagens.
- *Offset*: De mesmo nome que o sistema de impressão, é o mais conhecido e o mais utilizado. É mais resistente e serve para a impressão de livros e revistas.
- **Apergaminhado**: É uma pasta mecânica branca. É utilizado como papel de caderno e de bulas. Tem boa opacidade e boa impressão.
- *Super bond*: É semelhante ao apergaminhado, mas é mais colorido.
- **Flor** *post*: É um papel específico para formulários, similar ao papel de seda.
- **Manilinha**: É um papel mais conhecido como "de ensacar pães".
- **Tecido**: Pode ser de algodão ou de seda. Não é comum hoje em dia, mas, talvez, possa ser encontrado na China.
- **Kraft**: É um papel marrom muito utilizado para embrulhos no comércio, em sacolas e em embalagens.
- **Papelão**: Papel utilizado na produção de caixas.
- **Papelão ondulado**: É uma variação do papelão. Leva uma camada ou duas de ondulação. É muito utilizado em caixas que embalam geladeiras.

- **Sanitários**: Pertencem a essa categoria os papéis higiênicos, os papéis-toalha, os guardanapos etc.
- **Cartões**: Apresentam certa rigidez. São classificados em cartão duplex, cartão triplex e cartão branco.
- **Cartão Paraná**: Bem mais rígido do que o normal, é muito utilizado em caixas de artesanato.
- **Especiais**: Bons exemplos são o papel crepom e o que envolve os cigarros.

IMPORTANTE!

A **gramatura** é o peso do papel ou do cartão expresso por gramas em metros cúbicos (m^3). É comum essa especificação na compra e na venda de papéis.

A **espessura** é única na folha do papel. Difere da gramatura. Pode ser determinada em máquina.

O **Ph do papel** é muito utilizado na impressão. Refere-se à quantidade de absorção de água pelo papel.

Muitos desses papéis, com o avanço da tecnologia, caíram em desuso, mas é bom conhecê-los para saber como analisar alguma revista antiga e projetos especiais. Para o designer editorial de revista, é muito importante o conhecimento dos tipos e formatos, pois, ao iniciar um projeto gráfico de revista, é interessante já ter em mente o que será aplicado.

Por questões comerciais, os formatos A4 e A3 são muito utilizados, mas observa-se na banca de jornal que temos tamanhos menores e papéis diferenciados. O mais comum para impressão atualmente é o *couché* 80 g/m² – no entanto, vale ressaltar que o tipo de papel será definido pelo designer no *briefing*. Há, também, os papéis reciclados, pouco utilizados hoje em dia em virtude da cultura e do processo de reciclagem.

A preocupação com o meio ambiente deveria tornar o papel reciclado um dos favoritos do mercado. Entretanto, é preciso entender que o papel faz parte do processo de reduzir, de reutilizar e de reciclar. Gricoletto (2011) afirma que o Brasil é um grande produtor de papel. No entanto, são reciclados somente 38% de papel em geral e 60% de papelão. Atualmente, a principal matéria-prima da produção de papel virgem é a madeira, mas outras matérias-primas produzidas em laboratório também podem ser utilizadas.

Como temos visto nos noticiários, a madeira vem se degradando mais a cada dia. Recentemente, com o ar seco e o fogo, árvores e plantações tanto de papel quanto de outros segmentos têm sido destruídas.

Papéis reciclados

Moreno (2007, p. 20), em sua dissertação de mestrado *A aceitação pelo consumidor por um produto de papel reciclado*, buscou respostas para as seguintes indagações:

- Qual a percepção do consumidor com relação a um produto fabricado com papel reciclado?
- Além do fator econômico, essa percepção estaria contribuindo para a não aceitação deste produto e a não disposição em pagar mais caro por ele?
- Quais são os pontos em comuns [sic] ou divergentes entre os consumidores deste produto e os consumidores que afirmaram, em outras pesquisas, estarem dispostos

a pagar mais caro por um produto ecologicamente correto (por exemplo: vinhos, produtos agrícolas etc.)?

PARA SABER MAIS

Destinar o papel à produção de embalagens reduz seu ciclo de vida em uma etapa, já que poderia ter sido reutilizado como papel de imprimir ou de escrever. Na revista a seguir, é possível encontrar as respostas para as questões anteriores e informações sobre o processo produtivo da reciclagem e sobre o uso de material.

REVISTA O PAPEL. **Reciclagem de papel**. Disponível em: <http://www.revistaopapel.org.br/publicacoes.php?id=427/>. Acesso em: 11 mar. 2022.

3.6 Cor

Há tempos que a tecnologia e a impressão vêm evoluindo. Os fluxos sofreram alteração e os estúdios fotográficos e as gráficas mudaram os sistemas e a maneira de observar as cores. O papel do designer também se modificou nesse novo cenário. Os *softwares* utilizados pelo designer evoluíram, de modo que, atualmente, ele é considerado um profissional midiático – ou seja, é responsável por diversas formas de divulgação e interação.

Nesse sentido, temos de observar o passado para entender o que ocorre hoje. Assim, talvez, obtenhamos resoluções mais fáceis e mais dinâmicas para diversos problemas. A visualização da imagem se alterou – e, nesse contexto, encontramos as cores.

Nas artes, o uso das cores se modifica a cada tendência, a cada movimento e a cada período. Trata-se da principal composição da ciência e da arte. No design, as cores podem ser obtidas de duas formas: por meio de tintas e por meio de luzes. Nos impressos, utilizamos as cores das tintas; nos monitores, as cores das luzes.

No monitor, as cores são reproduzidas pela adição das luzes percebidas pelos nossos olhos. Essa é a parte da ciência que estuda como percebemos as cores. Ainda estamos longe de uma conclusão absoluta, pois temos sensações diferentes para um mesmo estímulo. Fatores físicos e psíquicos podem interferir também. Um exemplo disso é a percepção das pessoas daltônicas.

Em 1807, Young estudou o fenômeno das cores nos seres humanos e chegou à conclusão de que os receptores da retina, os cones, são sensíveis à radiação das ondas eletromagnéticas entre 600 – 700 nm (vermelho), 500 – 600 nm (verde) e 400 – 500 nm (azul).

Tabela 3.2 – **Ondas eletromagnéticas**

Cor	Onda
Vermelho	600 – 700 nm
Verde	500 – 600 nm
Azul	400 – 500 nm

A **cor** é uma sensação subjetiva causada pela luz, percebida pelo cérebro humano e captada pelos olhos. A parte visível no espectro é de 380 até 780 nm (arco-íris).

A **colorimetria** é a ciência que analisa a cor e seus fenômenos e que quantifica a cor em valores.

A percepção real de cor varia conforme a **luz** incidente.

Os olhos são bastante sensíveis, e o efeito visual pode ser interpretado com base em diferentes condições relacionadas ao objeto. A seguir, há alguns fatores que influenciam a interpretação das cores:

- condições físicas;
- condições psicológicas;
- condições de iluminação – tipo de luz incidente;
- metamerismo – propriedade do olho e do cérebro de perceber a mesma sensação das cores;
- adaptação cromática – o olho pode aumentar ou diminuir sua sensibilidade;
- contraste – análise das cores de um objeto e de seus estímulos quanto à percepção do olho de tons mais claros e mais escuros.
- memória da cor.

3.6.1 Temperatura da cor

A cor da luz é medida em Kelvin (K). A luz branca contém a mistura de todas as outras cores do espectro. A temperatura descreve o quanto a cor é avermelhada ou azulada. A análise do impresso, sob diversas condições de luzes, apresentará diferenças. Por isso, é importante ter um ambiente neutro e qualificado para o estudo da cor.

Silva e Martins (2003, p. 53) afirmam que:

> Normalmente a teoria das cores de Newton é apresentada nos livros didáticos como bastante simples e direta, além de ser considerada como um exemplo de apresentação do método científico. Os livros-texto também levam a crer que é fácil chegar às mesmas conclusões que Newton a partir dos seus experimentos.

3.6.2 Padrões RGB e CMYK

As cores nos monitores, nas TVs e em outras mídias digitais são codificadas em números. O RGB (*red, green* e *blue*) é conhecido como a **síntese aditiva**. Sua adição de luzes monocromáticas varia de 0 a 255. A do vermelho, por exemplo, é o 190.

Na impressão, temos o CMYK (*cyan, magenta, yellow* e *black*). Também conhecido como **síntese subtrativa**, é definido por uma porcentagem de tinta que varia de 0 a 100%. A soma de todas as cores resulta no preto. Deve haver diferença de porcentagem para a obtenção das cores.

Outras formas muito utilizadas são as cores especiais, mais conhecidas como **pantone**. São muito empregadas na publicidade e em marcas quando se deseja obter uma cor única, como o vermelho Coca-Cola. Hoje, essas cores são facilmente encontradas no mercado, que vende produtos para gráficas e designers, mas antigamente deviam ser encomendadas e custavam caro.

Em 1931, formou-se um grupo para a padronização de cores, a Comission Internacional de L'eclairage. Essa comissão visava criar um espaço de cores independente dos equipamentos de produção.

As cores têm três características ou coordenadas:

- **Tom/*hue***: É o comprimento de onda da luz dominante da cor refletida ou transmitida por um objeto. É expresso em nanômetros.
- **Saturação**: É a pureza da cor. É expressa em porcentagem. Também envolve a nitidez e a opacidade do tom da cor.
- **Luminosidade/brilho**: Característica da cor de se apresentar mais clara ou mais escura. É expressa em porcentagem.

Figura 3.8 – **Espectro visível**

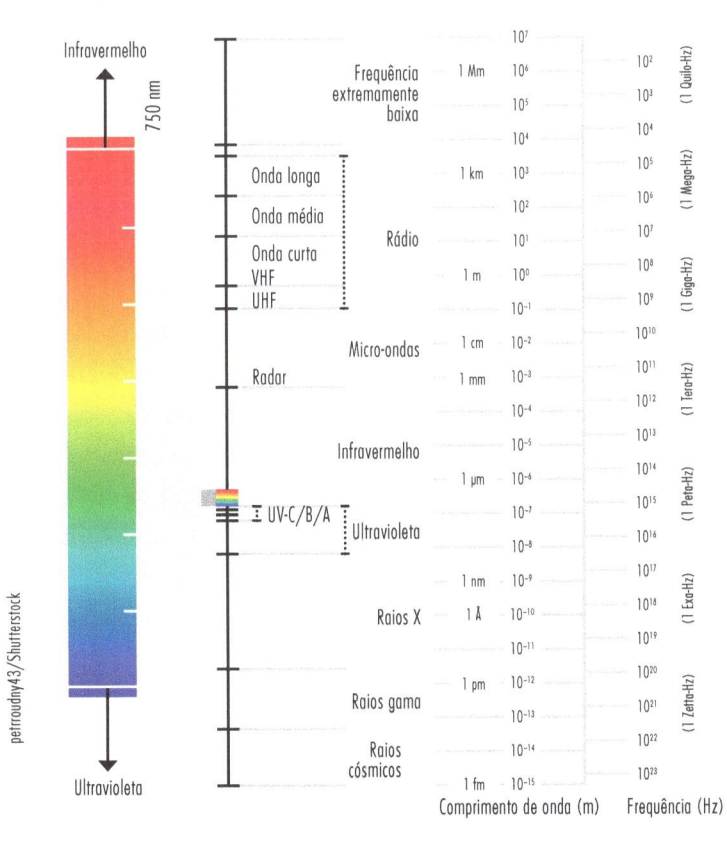

Faixa	Comprimento de onda (m)	Frequência (Hz)
Frequência extremamente baixa	1 Mm – 10^7 a 10^4	10^2 a 10^4 (1 Quilo-Hz)
Rádio – Onda longa / Onda média / Onda curta / VHF / UHF	1 km – 10^3 a 10^{-1}	10^5 a 10^9 (1 Mega-Hz / 1 Giga-Hz)
Radar / Micro-ondas	1 cm – 10^{-2}; 1 mm – 10^{-3}	10^{10} a 10^{12} (1 Tera-Hz)
Infravermelho	1 μm – 10^{-6}	10^{13} a 10^{14}
UV-C/B/A – Ultravioleta	10^{-7} a 10^{-8}	10^{15} a 10^{16} (1 Peta-Hz)
Raios X	1 nm – 10^{-9}; 1 Å – 10^{-10}	10^{17} a 10^{19} (1 Exa-Hz)
Raios gama	1 pm – 10^{-12} a 10^{-13}	10^{20} a 10^{21} (1 Zetta-Hz)
Raios cósmicos	1 fm – 10^{-14} a 10^{-15}	10^{22} a 10^{23}

Faixa visível: Infravermelho (750 nm) ↔ Ultravioleta

Fonte: Elaborado com base em Martins, 2015.

Síntese aditiva

É o modo como os monitores originam as cores pela emissão das luzes azul, verde e vermelha (RGB) em variadas proporções e em variadas intensidades. Quando são emitidas em igualdade, origina-se a luz branca.

Síntese subtrativa

Na impressão, é a soma de todas as cores CMYK. As cores que queremos em um impresso são subtraídas. São consideradas cores primárias, visto que, quando são sobrepostas, formam todas as demais cores.

3.6.3 Gerenciamento de cor

Assim como temos percepções das cores, cada dispositivo pode ter a sua cor no processo de produção. Por isso, é importante calibrar os equipamentos com dados numéricos. O sistema que confere essa calibração é o CIELAb. Pode-se criar um perfil para cada tipo de trabalho. Por exemplo, na gráfica, a Empresa X se distingue da Empresa Y quanto ao uso das cores; assim, você pode calibrar e guardar essas numerações no banco de dados da máquina.

Os dispositivos devem ser calibrados periodicamente, conforme a indicação de cada fabricante. Essa calibração confere qualidade à impressão, à imagem e à cor nos dispositivos.

Em 1993, os fornecedores de equipamento gráfico fundaram a International Color Consortium (ICC) para criar um sistema de gerenciamento de cor aberto, a fim de padronizar os dispositivos de entrada e de saída e, assim, garantir a mesma cor em qualquer meio de divulgação. No entanto, a visualização da cor em cada dispositivo ainda é falha.

Figura 3.9 – **Pontos e cores**

CYAN
MAGENTA
YELLOW
KEY COLOR

Albert Stephen Julius e WinWin artlab/Shutterstock

3.6.4 Estudo das cores

Há um padrão de cor chamado *Munsell*. Morenval (2007, p. 4), em sua pesquisa de mestrado, analisou esse padrão de cores, conforme afirma na seguinte passagem:

> Padrões de cores Munsell são muito utilizados como referência de cor em diversos campos da ciência. O presente estudo partiu da dificuldade do ajuste de cores na indústria de tintas, o que constitui um problema técnico, pois os profissionais que se relacionam com os clientes e os próprios clientes desconhecem as dificuldades de reproduzir as cores.

A autora destaca, também, que o livro *The Munsell Book of Colors* é um importante aliado do estudo desse padrão de cores. Fica a dica de leitura! Morenval (2007) explica ainda como obter os valores encontrados que não tiverem constância de resultados. Outro ponto destacado pela autora é a participação do observador. De fato, considerar o observador é muito importante, pois cada um de nós tem percepções diferentes com relação à cor, como já mencionamos. Sobre o criador do padrão Munsell, comenta Morenval (2007, p. 8-9):

Albert Henry Munsell nasceu no dia 6 de janeiro de 1858, em Boston, no estado de Massachusetts, teve sua formação primária e secundária em escolas públicas. Seus estudos em arte tiveram início aos 16 anos, na *Massachusetts State Normal Art School* (MNAS), a *Massachusetts College of Art* dos dias atuais. O interesse de Munsell pela cor ocorreu um pouco antes de deixar sua terra natal, em 1879, quando começou a ler um texto que havia sido recentemente publicado na *Modern Chromatics with Application to Art and Industry*, do físico Ogden Rood da *Columbia University* (Landa, 2004; Landa & Fairchild, 2005). Munsell percebeu que as caracterizações das cores como, por exemplo, "topázio amarelo", "vermelho indiano", não eram suficientes para a obtenção das cores desejadas, seja para uma pintura ou para a fabricação de um pigmento. Sua pesquisa nessa área intensificou-se nas férias de verão de 1898, quando ensinava composição de cores para seus alunos. Desde então ele começou a trabalhar com especificações de cores localizadas em modelos tridimensionais [...].

PARA SABER MAIS

Trazemos algumas dicas de leitura para complementar seu conhecimento sobre as cores. Recomendamos o livro *Da cor à cor inexistente*, de Israel Pedrosa. O autor, pintor, professor e pesquisador revelou o domínio da cor inexistente após 16 anos de pesquisa. Esse livro foi publicado em 1977, sendo um tratado histórico sobre as cores. Aborda o desenvolvimento da teoria das cores desde Da Vinci, passando por Newton, Goethe, Maxwell, Chevreul e outros estudiosos. Trata, com clareza, de temas relacionados às cores. É um título indispensável para artistas, designers, professores e estudantes de arte.

PEDROSA, I. **Da cor à cor inexistente**. São Paulo: Senac, 2009.

É notório que todas as teses e teorias das cores fazem uma classificação, considerando suas pesquisas e seus objetivos. Algumas criam classificações baseadas na pigmentação (na cor), ao passo que outras se fixam nas sensações provocadas, embora ambas sejam muito utilizadas pelo designer de revista. Veremos, agora, como as cores são classificadas.

- **Primárias**: São as cores que trabalham cor e luz – o vermelho, o verde e o azul violeta. Leonardo da Vinci (150 anos antes de Newton) trabalhou as cores nas suas pinturas. A sombra faz a cor escura, e a luz a torna clara. A mistura dos pigmentos das cores vermelho, amarelo e azul resultará no cinza da síntese subtrativa.
- **Complementares**: Isaac Newton, com a rotação de um disco formado pelas sete cores do arco-íris, conseguiu demonstrar que a luz é branca.
- **Secundárias**: São cores formadas pelo equilíbrio de duas cores primárias.

- **Terciárias**: São as cores intermediárias entre uma cor secundária e quaisquer duas cores primárias.
- **Quentes**: São o vermelho e o amarelo.
- **Frias**: São o azul, o verde e outras cores em que predominam esses tons. Podemos ainda encontrar em pesquisas as demais classificações.
- **Naturais**: São as cores existentes na natureza.
- **Aparentes**: As cores variam conforme a luz incide sobre o objeto observado.
- **Induzidas**: São cores que estão sob a influência de outra.
- **Retinianas**: É a conformidade das cores com relação à percepção da retina de cada observador.
- **Locais**: Mais observadas na arte, são a conjunção de diferentes luzes e cores.
- **Falsas**: São aquelas cores que vemos, mas não vemos.

3.6.5 Utilização das cores

A cor impacta muito em todas as áreas: educação, saúde, diversão, decoração, leitura, trânsito etc. Cada campo tem uma linguagem de comunicação e atinge um objetivo específico e uma sensação. Observamos que, atualmente, no projeto gráfico de design de revista, ela é o principal item do projeto. Por isso, compreender como as cores impactam no projeto e na sensação que o leitor terá pode tanto trazer excelentes resultados quanto o contrário. Isso faz com que a cor tome grande parte do estudo de um projeto de design, como é o caso do design de revista.

PARA SABER MAIS

Há estudos e relatos sobre a influência da cor na psicologia, na fisiologia, nas ciências sociais, na medicina e nas artes. O livro *Psicodinâmica das cores em comunicação*, de Modesto Farina, Clotilde Perez e Dorinho Bastos, é um pequeno trabalho que exibe esses estudos e suas influências.

FARINA, M.; PEREZ, C.; BASTOS, D. **Psicodinâmica das cores em comunicação**. 6. ed. São Paulo: Blucher, 2011.

A cor permite que obtenhamos a mesma sensação de uma linha, de um ponto no projeto gráfico – ou seja, é um elemento de peso. Também atua como condição de percepção: hoje, podemos estar mais inclinados para o azul; amanhã, podemos amanhecer pendendo mais para o amarelo. Portanto, a cor faz parte das nossas emoções.

Existem inúmeros estudos sobre a forte influência da cor na produção gráfica, na publicidade e na comunicação como um todo, áreas em que é muito utilizada como fator de promoção e de venda. Confira, a seguir, uma pequena amostra da psicologia das cores.

Quadro 3.1 – **Exemplos de significados das cores**

Sensação	Objeto	Significado
Branco	Noiva	Pureza
Vermelho	Maçã	Quente
Rosa	Bebê	Menina

A cor também é muito usada em frases de efeito, que são muito encontradas em revistas, em outros meios de comunicação impressos e na publicidade:

- "Estou roxa de raiva".
- "Aquele vestido vinho" (cor com tonalidade da bebida).
- "Fiquei branca com o susto que me deu".

Há outras conotações para as cores, na psicologia, para sensação visual; e, na publicidade, para as marcas e os produtos. Vamos saber um pouco mais sobre isso?

VERMELHO

É uma cor primária (que não se decompõe) de tons mais escuros. Denota sensação de calor e, por isso, é considerada uma cor quente. É muito utilizada em artigos de moda, em maquiagens e em esmaltes, pois o vermelho e suas variações – das mais claras às mais escuras – provocam uma sensação de confiança. É mais perceptível pelo olho, motivo pelo qual indica "atenção" em um semáforo. Também está fortemente presente na arte e, até mesmo, no corpo humano, como é o caso do sangue. Além disso, é a cor do fogo, que todos nós conhecemos. Está presente nas sociedades e nas culturas como um todo: em bandeiras, em logos, em marcas e em partidos políticos. O pigmento vermelho é utilizado na indústria farmacêutica para aplicar cor aos medicamentos. Também representa proteção e segurança (bombeiros).

AMARELO

Tem uma presença forte na luz solar e no espectro presente na Figura 3.8. Como pigmento, é uma cor primária; como luz, é uma cor secundária e é a que mais se aproxima da cor branca. Por isso, é bastante utilizada em decorações para dar claridade. Está presente, também, em supermercados e em revistas (como as Páginas Amarelas, que têm a função de chamar a atenção, como acontece nos semáforos). O pigmento amarelo é utilizado na indústria farmacêutica para aplicar cor aos medicamentos.

VERDE

É uma das cores primárias da luz. Encontra-se no espectro visível. Representa a natureza, como as folhas das plantas. Sua tonalidade é amplamente utilizada em empresas e equipamentos médicos e em paredes, por existir a crença de trazer uma sensação de calma, relaxamento e paz. Está presente não só em uniformes de médicos, mas também nos do Exército brasileiro. Outro lugar interessante em que aparece é a Bandeira Nacional, em que representa as matas, assim como no hino. A cor do mar pode ser tanto verde quanto azul.

AZUL

Atualmente, até dá nome a uma companhia aérea, para se ter uma ideia da importância da cor. Também está presente em nossa bandeira, como representação do céu, e em materiais e empresas de informática, de tecnologia e de cursos. Em sua tonalidade mais escura, iguala-se ao preto. Observa-se que o mar apresenta essa coloração.

BRANCO

É a síntese aditiva das cores – ou seja, a mistura das luzes visíveis. É muito aplicado em religiões, por emitir a sensação de pureza: noivas se casam de branco e os bebês que são batizados também usam branco. Na medicina, denota a sensação de limpeza, pois é mais evidente a sujeira no branco. Também é utilizado como referência à paz.

PRETO

O oposto do branco é a ausência de luz. No pigmento, o preto é a soma de todas as cores, sendo a síntese subtrativa. Traz uma sensação de escuro, de algo ruim, de sujeira, de mal-estar, de negação. Na moda, produz uma sensação de elegância, pois permite combinações com outras cores. No design gráfico, aparece em projetos de catálogos e nos textos das revistas: quase 90% da composição dos textos de uma revista é na cor preta.

VIOLETA

É a cor dos raios ultravioletas no espectro do fotômetro. Tem o maior comprimento de onda. Está ligada à angústia.

MÃOS À OBRA

Podemos exercitar um pouco o conhecimento adquirido até o momento. Lembra daquelas análises de revistas solicitadas no capítulo anterior?

Então, pegue aquela(s) análise(s), agora com mais conhecimento de cor, e refaça a pesquisa visual e sua interpretação sobre isso. É um ótimo treino para o visual e para o conhecimento de design. Assim, você criará referências para seu trabalho e, possivelmente, ficará habituado com a criação de um portfólio.

A cor cria sensações de espaço, de temperatura, de equilíbrio, de desequilíbrio, de volume e de nitidez. Pode, também, veicular gostos, como acontece na moda. Trata-se de um item poderoso na composição gráfica de revistas. Há diversos estudos e pesquisas sobre as cores. O designer, ao criar um projeto, deve realizar uma pesquisa antes de definir quais cores empregará, uma vez que elas devem se comunicar com o leitor de maneira acertada.

SÍNTESE

Neste capítulo, observamos alguns elementos de suma importância para o desenvolvimento do projeto gráfico de uma revista e para o conhecimento dos designers. Esclarecemos que cada cor provoca uma sensação e gera uma grande influência no projeto da revista e na retenção do leitor. Também mostramos como as cores são trabalhadas em equipamentos de produção e suas características nesses equipamentos.

Atualmente, é comum encontrarmos, em *softwares* de design e na internet, os conceitos tom/*hue*, saturação/*saturation* e brilho/*lightness*, que permitem dar maior realidade às imagens – tanto as de capa quanto as de miolo –, à composição de cores e às alterações especiais.

Conforme demonstramos, as cores são percebidas de modos diferentes por cada um de nós. Então, orientamos que faça diversas pesquisas visuais sobre as cores no seu dia a dia e verifique como poderá atingir determinados consumidores com seus projetos. A partir de agora, você já pode treinar, em sua casa, pesquisando sobre os pontos mencionados neste capítulo.

gabcz/Shutterstock

CAPÍTULO 4

ELEMENTOS DO
PROJETO GRÁFICO II

No capítulo anterior, indicamos alguns elementos que compõem o projeto gráfico e explicamos a importância das cores e suas influências. Neste capítulo, apresentaremos outros elementos essenciais na composição do projeto gráfico, presentes nos processos de editoração e diagramação: linhas, pontos e mancha gráfica.

Esses conhecimentos são muito importantes e conferem ao designer qualidade no projeto, na finalização e no acompanhamento de todo o processo, resultando, assim, em uma revista de sucesso.

4.1 **Ponto**

O ponto é o menor elemento de composição. Não tem volume e é muito utilizado. Foi muito empregado até mesmo na história da arte, mediante a técnica de pontilhismo, em que o artista formava a ilusão da imagem por meio de pontos. No texto, tem as funções de finalizar uma sentença e destacar alguma informação. A combinação de pontos forma uma linha.

Figura 4.1 – **Combinação de pontos**

A) Representação do ponto   B) Combinação de pontos em uma linha

•   •

Nas artes gráficas, o ponto constitui o impresso, o que forma a imagem na impressão da revista. É disposto na página tanto na horizontal quanto na vertical. Assim, com outros elementos, pode compor uma página. Na arte, pode formar imagens, de acordo com o que mencionamos sobre o pontilhismo.

Figura 4.2 – **Combinação de pontos e de outros elementos**

.... /// ....

4.2 **Linha**

A linha, representada pelo encontro de duas superfícies, pode ser facilmente encontrada em quase todos os projetos gráficos visuais, tanto os impressos quanto os digitais. Esse elemento é muito utilizado por conseguir acrescentar um visual a uma página em branco. Suas combinações com pontos e textos resultam em formas na página. Confira, a seguir, os tipos de linha.

Figura 4.3 – **Tipos de linha**

A) Reta horizontal: sensação de repouso

B) Reta vertical: atrai o olhar para cima

C) Quebrada: movimento

D) Inclinada: movimento

E) Fina: ligada à espessura e ao repouso

F) Grossa: ligada à espessura

G) Comprida e curta

H) Direção

Esses elementos podem ser obtidos em *softwares* com funções gráficas, como o Microsoft Word, e em *softwares* próprios para ilustrações, como o Adobe Illustrator e o CorelDraw. Atualmente, quase todos os *softwares* têm esses elementos. Também são essenciais no acréscimo da arte do projeto gráfico e das marcações de impressão, como a linha de corte.

4.3 Formas geométricas

As formas geométricas são elementos regulares e irregulares que, ao serem utilizados na composição da página no projeto gráfico da revista, transmitem sensações que agradam o olhar. Podemos combiná-las com linhas, pontos e textos. As formas geométricas mais utilizadas são:

- **Triângulo**: É a junção inicial de três pontos. Em geometria, podem existir mais lados.

Figura 4.4 – **Triângulo equilátero**

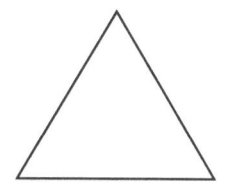

- **Quadrado**: Composto de quatro pontos e quatro lados iguais.

Figura 4.5 – **Quadrado**

Não há uma regra geral para uso desses elementos escolhidos em uma composição de página de revista, além de não existir uma regra de medida exata. O designer e/ou diagramador tem a função de encaixar os elementos essenciais na página, de acordo com o projeto gráfico.

4.4 Logo e logotipo

O logo é a identificação de uma empresa, o nome da editora da revista. Geralmente, vai na capa, embora também possa ser aplicado no miolo da revista. Logotipos, por sua vez, são logos que apresentam uma tipologia, ou seja, um ícone, um símbolo, já estudados no Capítulo 3. Um exemplo de logotipo é a simbologia da Nike. Esse estudo é conferido às áreas de propaganda e de *marketing*.

4.5 **Diagramação**

No capítulo anterior, abordamos o projeto gráfico e seus elementos. Agora, apresentaremos uma parte importante da produção: a diagramação. Nessa etapa, não basta acrescentar texto e imagem às páginas: é necessário dar forma à revista. Assim, teremos ideia de como esta ficará quando estiver "pronta". Pode-se, também, sugerir melhorias no projeto gráfico, mas sem modificá-lo muito.

Diagramar é o ato ou a maneira de dispor os elementos em uma página, ou seja, é o modo de lidar com a disposição do texto da matéria e dos elementos gráficos (imagem, linhas), fazendo o melhor aproveitamento do espaço e da página, conferindo-lhe atração, forma e estética. O processo de diagramação também é conhecido como *paginar* ou *paginação*. Sua principal função é garantir a legibilidade do texto produzido pela equipe editorial, estudada no Capítulo 2. Essa função não se aplica somente a revistas, mas a diversos materiais, como jornais, embalagens, livros, *sites* e panfletos.

Para a execução do projeto gráfico, alguns pontos são muito importantes de serem observados no processo de diagramação, como a harmonização dos elementos e a determinação do interesse do observador. Por outro lado, algumas editoras preferem manter uma identidade em todas as publicações.

MÃOS À OBRA

Sugerimos que pegue alguns títulos de revistas existentes no mercado editorial. Podem ser revistas digitais. Aconselhamos que selecione títulos variados, como a *Fluir* e a *Veja*, ou até mesmo histórias em quadrinhos (HQs). Em seguida, faça uma análise do que foi relatado até aqui: cor, tipologia, papel, número de páginas, seções etc.

4.5.1 Origem da diagramação

A diagramação se originou na composição tipográfica, que cuidava da criação e da utilização dos *tipos* (como se chamavam as letras no processo) de forma manual. O compósito relacionava um tipo a outro – ou seja, uma letra a outra. Assim, formavam-se as palavras e, na sequência, as linhas. As linhas eram dispostas umas embaixo das outras ou lado a lado, formando parágrafos e páginas.

Ao evoluir para o sistema de composição mecânica, passou-se a lidar com máquinas que fundiam linha por linha, letra por letra. Nesse sentido, houve mais um avanço da tecnologia e dos meios eletrônicos, surgindo, assim, a fotocomposição computadorizada: a composição eletrônica dos elementos, que deu origem à editoração eletrônica.

4.5.2 Editoração eletrônica

A editoração eletrônica, desenvolvida com o avanço da fotocomposição, nada mais é do que a diagramação em um sistema eletrônico. Começou a ser usada na década de 1970 e seu custo elevado só permitia que empresas de grande porte da indústria gráfica e de comunicação a empregassem.

Nos anos de 1980, com a popularização e o avanço da tecnologia e dos computadores, foi integrada à informática a parte do sistema de editoração eletrônica conhecido como *Desktop Publishing*, em que um operador efetua quase todas as tarefas. Essas etapas fazem parte da produção gráfica e, também, da pré-impressão, conforme demonstraremos mais adiante.

4.5.3 Briefing de produção

Para a realização de uma diagramação, o designer deve se atentar a alguns elementos definidos no início do projeto, no *briefing* editorial e comercial, do qual tratamos no Capítulo 2. Entre os elementos necessários à diagramação, destacamos os seguintes:

- público-alvo definido;
- formato escolhido;
- prévia do número de páginas;
- tipo de impressão;
- papel ou papéis escolhido(s), já que pode haver mais de um tipo no projeto;
- prazo de entrega/produção;
- projeto gráfico ou design da revista em arquivo digital.

De posse dessas informações, é iniciada a diagramação ou composição da página. Em algumas empresas, o diagramador e o design atuam juntos; em outras, atuam separados.

4.5.4 Composição da página

A composição da página é a ordenação dos elementos gráficos nesse espaço. Para esse processo, o designer precisa saber enxergar e valorizar os elementos gráficos que farão parte da composição, devendo observar uma página em branco e imaginar possíveis composições. Para o sucesso de um projeto, o design deve ser original, apresentar legibilidade e clareza e ser funcional (os elementos devem fazer parte de um todo). Além disso, o cumprimento do prazo de cada etapa é de suma importância.

Para uma boa composição, alguns pontos precisam ser observados, como o centro geométrico e o centro ótico ou ponto de atenção, conforme ilustra a Figura 4.6. O centro geométrico é o campo de visão do olho, que é direcionado ao meio da página e realizado matematicamente. Já o centro ótico fica um pouco acima do meio da página, sendo o ponto de maior fixação enquanto o olhar percorre os elementos dispostos na página.

Figura 4.6 – **Centro geométrico (lado esquerdo) e centro ótico (lado direito)**

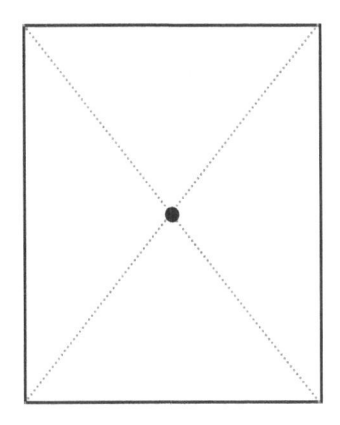

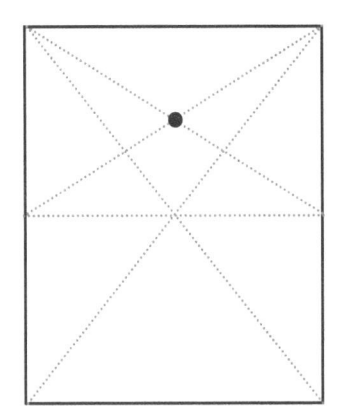

Há também a **regra dos terços**, que consiste em dividir a página em três partes iguais e, em seguida, dividir os elementos entre essas partes. A distribuição dos itens é determinada pelos seguintes critérios:

- **Proximidade**: Itens relacionados devem dialogar entre si.
- **Alinhamento**: O alinhamento deve ser visado ao colocarmos os elementos na página.
- **Repetição**: É uma forma de criar consistência em um material. Deve-se observar, sempre, os elementos que se repetem, verificando se há, entre eles, alinhamento e relação.
- **Contraste**: Serve para dar ênfase aos elementos. Um exemplo básico disso é a combinação do preto e do branco. Há outras maneiras de criar contrastes: uso de linha, de fontes, de cor, de direção etc.

A composição da página é dividida em duas categorias: simétrica ou formal e assimétrica ou informal.

Simétrica ou formal

A composição simétrica ou formal é uma composição clássica, estática, de fácil controle e bem resolvida. Seu campo visível é direcionado ao meio, conhecido como *centro geométrico*, aquele que pode ser calculado matematicamente tanto à mão quanto pelo *software*. Por exemplo, pegue uma folha de papel sulfite A4 e dobre-a ao meio na vertical e na horizontal. Abra a folha e veja o ponto ao meio: esse é o centro simétrico visível, que gera um equilíbrio dos elementos em ambos os lados.

No centro óptico, é possível haver uma assimetria, ou seja, considerando-se a linha ao meio da página, uma imagem ou propaganda pode ser colocada acima do centro óptico ou ocupar toda essa parte superior se ela for o elemento que se deseja destacar; na parte inferior, pode-se acrescentar o texto como algo complementar, com menos importância.

Antes, as páginas eram quase todas da cultura antiga, ou seja, eram mais formais, simétricas. Esse conceito continua sendo um padrão, mas vem sendo quebrado.

Assimétrica ou informal

Por outro lado, a composição assimétrica ou informal é uma composição sem padrão, solta. É mais utilizada atualmente em virtude da influência da internet. O designer acrescenta os elementos e seu peso e vai compondo a página de acordo com a estética visual e o objetivo do projeto. Desse modo, os elementos se equilibram visualmente. Seu centro ótico está acima do centro calculado, mas não há uma regra exata nesse tipo de composição. Nessa composição, é necessário analisar alguns fatores para a apresentação de um bom trabalho:

- **Unidade**: Prevalece em todas as obras. Também conhecida como *coerência*, é vista em sua totalidade. Todos os elementos devem ser harmônicos.
- **Harmonia**: Está relacionada às partes e às proporções dos elementos.
- **Simplicidade**: É essencial ao design, à página e ao *layout*. É obtida por meio dos elementos e sem excessos. Deve ser verificada conforme as observações do leitor e do produtor. Objetiva evitar múltiplos focos, reduzindo os elementos dentro da mancha gráfica.
- **Proporção**: É a combinação de elementos em sentido ordenado e por tamanho. Está ligada à harmonia e à simplicidade da página. Ribeiro (1998, p. 180) afirma que "o tamanho e peso de cada elemento devem estar em equilíbrio com o tamanho e forma da composição. Consiste na medida dos elementos individuais da diagramação, de maneira que largura e altura sejam a mesma entre si". É um item difícil de analisar, pois cada designer, cada leitor e cada pessoa envolvida no processo tem uma maneira de observar e sentir os elementos, sendo necessário, portanto, considerar todas as orientações e todos os estudos feitos até aqui para conferir o que deu certo.
- **Equilíbrio**: Proporciona estabilidade, força e ênfase à página, como se fosse uma balança em que o olhar pode pender mais

para determinado lado. Na página, deve haver composição de equilíbrio. Também está ligado à harmonia. É classificado como simétrico ou assimétrico:

» **Simétrico**: A simetria está distribuída em ambos os lados da página. Ao dividir a página em dois na vertical, os elementos de ambos os lados têm de ser equilibrados, harmônicos, como acontece em uma balança. Confere ao projeto leveza, sutileza e elegância.

» **Assimétrico**: Consiste em concentrar o peso dos elementos em um lado da página. Pode ser proposital, para garantir uma melhor observação do leitor. Quando não é proposital, deve-se conferir seus efeitos, de maneira a não colocar em risco a página ou a capa. Confere graça, ação e movimento.

- **Movimento, direção ou fluidez**: Confere movimento aos elementos da página. Age como se fosse um caminho, um sentido de ordem determinado pelo designer na criação. Geralmente, é obtido com formatos de elementos geométricos ou com formatos que provoquem essa sensação. Pode ser obtido, também, por meio das cores das figuras.

- **Destaque**: É aquilo que se deseja que seja lido ou visto em primeiro lugar, como uma imagem e uma caixa de texto (mais conhecida como *boxe*). Para funcionar na composição, é preciso criar grupos de elementos. Utilizam-se também as cores.

- **Contraste**: É mais utilizado nas cores aplicadas às imagens e aos textos, criando, por exemplo, um confronto entre tons claros e escuros. É aplicado, também, na forma de caixa-alta e de caixa-baixa, de negrito e de texto normal. Está fortemente ligado à tonalidade da cor e à tipologia da fonte.

PARA SABER MAIS

No artigo a seguir, há uma ilustração interessante que relaciona os princípios dos elementos.

20 PRINCÍPIOS e elementos do design. Disponível em: <https://www.canva.com/pt_br/aprenda/20-principios-elementos-do-design/>. Acesso em: 28 mar. 2022.

Para a estruturação da página, é necessário sempre verificar se está harmônica e se apresenta um fácil entendimento ao leitor.

***Grid,* grade ou malha gráfica**

Trata-se das linhas que sustentam a página, a área gráfica de impressão. Pode-se dizer que é um gabarito. Tem relação de proporção tanto na vertical quanto na horizontal. Assim, com seu auxílio, é possível acrescentar os elementos na página com as devidas proporções.

Cada segmento editorial – ou seja, cada tipo de publicação, como jornal ou revista – tem um gabarito próprio. O diagrama mais fácil e mais utilizado para uma revista é o de três colunas, pois é o mais eficiente no caso de textos e elementos visuais. A presença de mais de três colunas não é muito aceitável visualmente.

4.6 Iconografia

A iconografia é muito utilizada, hoje, nas redes sociais e na internet para apresentar textos e linhas de tempo em forma de imagem. Nas editoras, antigamente, configurava um departamento ligado ao de arte. A iconografia realiza a documentação e a pesquisa visual de fotografias, ilustrações, gráficos, tabelas etc. e gerencia as autorizações e tudo o que envolve elementos de imagem e de vídeo. Nos dias atuais, é um item do processo editorial.

> **PRESTE ATENÇÃO!**
>
> Os infográficos são caracterizados pela linguagem simples, pela conectividade e pela interação entre texto e imagem. Devem atrair o público para a leitura dos materiais, subsidiando uma melhor compreensão das informações. Módolo (2007, p. 6) afirma que:
>
>> A primeira principal característica dessa linguagem é a conectividade e a interatividade entre texto e imagem. Além disso, há que se considerar a clareza no tratamento da informação. A imagem deixa de ter somente o papel de ilustrar o texto escrito, pelo contrário, apresenta-se como a própria informação, protagonizando, juntamente com o verbal, o processo de comunicação. Se por um lado, temos que a informação seria apreendida pelo leitor mais rapidamente por meio da linguagem visual, por outro lado, para que o infográfico seja eficaz no seu propósito de comunicação, ele depende também de um texto enxuto, objetivo, claro, subdividido em itens e com linguagem direta. Os infográficos visam atrair o público para a leitura das matérias, facilitar a compreensão da informação e oferecer uma noção mais rápida e clara dos sujeitos, do tempo e do espaço da notícia.

4.7 Elaboração de espelho ou boneca

O espelho ou boneca é um material que reúne todas as páginas da publicação. É montado pelo setor editorial de acordo com o número de páginas definido durante o *briefing* ou a produção inicial. É de suma importância para a visualização do antes e do depois da revista montada, funcionando como uma espécie de maquete da revista. Sua visualização é importante para a disposição das páginas prontas e para a montagem dos cadernos de impressão. Pode ser elaborado em duas etapas. Na primeira, determinará o número de páginas em branco, em tamanho normal e em tamanho reduzido. Na segunda etapa, após ter sido montado, acrescentam-se as páginas prontas, conforme a realização da diagramação. Esse processo depende das informações do *briefing* de produção e/ou de dados para montagem.

Assim, o espelho deve apresentar as mesmas características da revista final no que se refere:

- ao formato;
- ao papel e à gramatura;
- ao número de páginas;
- ao tipo de acabamento;
- ao tipo de capa.

4.8 Arte final

Compete à arte final a conferência dos elementos das páginas, das informações dos *softwares* e das linhas-limite do trabalho, bem como a realização do fechamento do material para a gráfica, seguindo as orientações de impressão. É um trabalho realizado concomitantemente à diagramação – em muitos casos, o diagramador também exerce a função de arte finalista e vice-versa.

Nessa etapa, são verificadas ou acrescentadas marcações de impressão e de acabamento padronizadas, as quais, geralmente, ficam na área externa do trabalho, como as marcas de corte, de dobra, de picote e de sangria, que delimitam o trabalho para não ocorrerem erros como filetes brancos dentro da página e imagens do lado errado. Quem nunca observou uma revista ou um livro em que aconteceu isso?

Outro ponto importante da arte final é o uso de *softwares* gráficos, como vimos anteriormente. Já falamos do escâner e de computadores; agora, falaremos dos *softwares*. Os **softwares de texto** são indicados para a digitação de textos, o Microsoft Word (Figura 4.7) e o Google Docs, que funciona *on-line*, são exemplos. Há empresas que têm *softwares* próprios para contar as palavras que cabem em uma lauda. Outras empresas utilizam programas *on-line* para revistas digitais.

Figura 4.7 – **Microsoft Word**

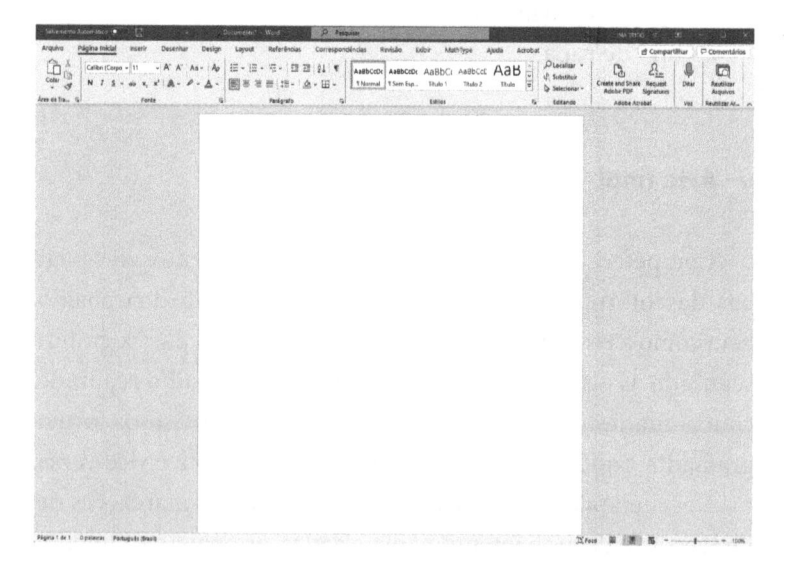

Com o uso dos *softwares* de texto, nota-se uma evolução na apresentação de documentos e de publicações formais e informais, visto que uma boa diagramação atribui mais credibilidade ao produto e garante menos tempo de retrabalho. Com *softwares* como o Microsoft Word e os novos recursos que surgiram a partir dos anos 2000, podemos obter excelentes relatórios, textos, apresentações e até jornais internos à comunicação empresarial. O Microsoft Word é um dos mais utilizados e conhecidos, pois compõe o pacote Office. Nele, é possível configurar a página, a fonte, o posicionamento do texto, as imagens, as figuras, a linha, o ponto e o alinhamento; realizar revisão ortográfica; editar, formatar, salvar e imprimir documentos. Sua função mais utilizada é a de editor de textos.

O Microsoft Word, se for bem configurado, realiza uma pequena revisão gramatical e ortográfica. No entanto, atente-se a essa revisão e nunca confie nas decisões do *software*. Essas ferramentas prestam apenas um auxílio. Você pode formatar o texto para enviá-lo pronto ao diagramador, pois o Microsoft Word apresenta a opção de criar estilos, como o da fonte da chamada, o da fonte de capa e o do corpo do texto. Muitos designers e diagramadores gostam desses estilos, pois, ao incorporá-lo aos *softwares* próprios de diagramação, como o InDesign, aplicam-se esses estilos, facilitando o processo e diminuindo o número de erros. Pode-se, também, criar tabelas e diagramas, funções amplamente utilizadas.

MÃOS À OBRA
Sugerimos que abra o *software*, digite um texto e, depois, formate-o. Assim, será possível conferir as inúmeras opções presentes nele.

Alguns *softwares* de imagem são configurados para ilustrações, como é o caso do Adobe Ilustrator e do CorelDraw, ao passo que outros são configurados para o uso de imagens, como o Adobe Photoshop. Com o avanço da tecnologia, é possível encontrar *softwares* similares na internet e, até mesmo, em ferramentas no celular. Atualmente, há uma gama de opções para gerar conteúdo – imagem e texto – em diversas plataformas. As ilustrações são geradas em *vetores*, termo utilizado para ilustrações digitais.

O **Adobe Photoshop** é muito utilizado para a digitalização, a visualização e a elaboração de fotografias que serão inseridas em livros, revistas e meios digitais. Essas imagens podem ser simples, apenas com a correção de cor pelo *software*; ou elaboradas, como uma montagem.

O **CorelDraw**, por sua vez, é um *software* de aplicação gráfica intuitiva e versátil que permite criar ilustrações vetoriais, logos, desenhos e alguns projetos. Seu uso ultrapassa a ilustração (sua principal função dentro do editorial de revistas e na *web*) e pode ser empregado na comunicação visual, em cartões de visitas, *bottons*, *banners*, cartazes, brindes e outros produtos. Funciona como uma prancheta de desenho.

O *Corel*, forma pela qual o chamamos normalmente, tem integração com a Microsoft e a Adobe, apresentando um grupo de ferramentas: desenho, malha gráfica, curva, visualização de *pixels*, encaixe de objetos, efeitos em fotos, controle de cor e de fonte, configuração de página e de objeto e impressão. Com ele, é possível configurar a página, a fonte, o posicionamento do texto, as imagens, as figuras, a linha, o ponto e o alinhamento, realizar revisão ortográfica, editar, formatar, salvar e imprimir documentos.

Os desenhistas e os designers utilizam o Corel para criar desenhos complexos, assim como o Ilustrator, outro *software* de ilustração e de desenho.

MÃOS À OBRA

Em uma breve pesquisa na internet, busque por *ilustração vetorial*. Assim, você poderá encontrar inúmeras artes com técnicas excelentes. Algumas até parecem pinturas! E são mesmo: trata-se das chamadas *pinturas digitais*. Isso acontece por meio do trabalho com pontos e linhas para formar a imagem. Você também pode encontrar um grande número de tutoriais de como fazer tal ilustração. Faça uma busca e, se for possível, verifique as ferramentas de desenho do *software*.

O *software* de diagramação mais conhecido e utilizado é o Adobe InDesign, mas já tivemos o PageMaker, o QuarkXpress (da Macintosh) e vários outros.

O **QuarkXpress** é um *software* de diagramação e de projetos editoriais desenvolvido por Tim Gill, co-fundador da empresa estadunidense Quark Inc. Lançado em 1987 para Apple Macintosh, continua até os dias atuais.

O **InDesign** é um *software* de diagramação e de projetos editoriais voltado para designers. Pertence ao grupo Adobe, uma das empresas de tecnologia da área gráfica. Veio da evolução do Adobe PageMaker. Na época de seu surgimento, em 1997, foi uma grande evolução para o profissional da indústria editorial, pois permitia mais recursos gráficos, como transparência, alinhamento ótico de margens, controle e automatização.

O *site* da Adobe (2022a) informa que:

> O Adobe InDesign é o líder do setor em design e layout de páginas para mídias digital e impressa. Crie belos designs gráficos com tipografia dos melhores desenvolvedores e imagens do Adobe Stock. Compartilhe rapidamente conteúdo e feedback em PDF. Gerencie facilmente a produção com o Adobe Experience Manager. O InDesign tem tudo para criar e publicar livros, revistas digitais, eBooks, pôsteres, PDFs interativos e muito mais.

Esse *software* permite desenvolver projetos com flexibilidade, simplicidade e funcionalidade. É essencial não só para o editorial, mas também para a publicidade, pois apresenta diversas ferramentas que atuam no processo de criação e de desenvolvimento. Confira a área de trabalho padrão do InDesign na Figura 4.8. Atualmente, há também diversas soluções digitais, como *e-books* e internet.

Figura 4.8 – **Área de trabalho padrão do InDesign**

Conforme já mencionamos, a arte final, a diagramação e a editoração se utilizam do mesmo *software* e do mesmo arquivo. O diagramador e a editoração realizam a tarefa de dispor texto, imagem e ilustração na página. Por sua vez, a arte final é responsável por concluir a etapa de produção e por preparar o arquivo para o envio à gráfica.

4.9 Processo de revisão

Na etapa da revisão, são checados todos os processos realizados, como erros ortográficos e outros apontamentos. É uma etapa pós-diagramação dividida em duas partes: revisão de texto e revisão de diagramação. Algumas empresas têm uma pessoa somente para essa operação, que é o revisor. Em outras, o editor realiza toda a tarefa, dependendo do organograma e da estrutura da empresa.

4.9.1 Revisão textual

É a revisão em que são conferidos os textos e as palavras. Hoje, a maioria dos *softwares* facilitam esse processo, mas, antigamente, era uma das fases mais importantes, por haver diversos erros de digitação. O digitador (profissional de digitação) tinha de realizar suas tarefas rapidamente, fato que poderia ocasionar alguns erros. Assim, o revisor e a revisão alcançaram extrema importância.

Nessa etapa, após a diagramação e a arte final, o arquivo é encaminhado para a equipe editorial e/ou o responsável pela revisão. Para a eficiência desse processo, são necessários alguns procedimentos:

- a revisão nunca deve ser realizada pelo diagramador e/ou pelo digitador;
- deve ocorrer de forma tranquila e em locais que não interfiram no processo;
- não há limite de revisão, mas é recomendável que sejam realizadas somente três, para que não interfira no processo e no prazo de produção.

O processo de revisão é realizado por meio de provas, que seguem para análise do responsável e retornam à produção e à diagramação para os devidos ajustes. Isso acontecerá até a realização da prova final, na qual haverá a conferência da arte, do projeto gráfico e do texto. Trataremos um pouco disso a seguir.

4.9.2 Prova

A prova consiste em um impresso igual ou reduzido da revista, o qual é realizado em etapas. A primeira prova consiste na conferência da página pronta e do texto pelo editorial, conforme mencionamos anteriormente. Essa prova é realizada internamente. Na sequência da revisão, ao sinalizar que o texto está de acordo com o que foi planejado, o designer imprime uma boneca e simula a revista final, para fins de revisão do projeto gráfico. Essa prova da revista pronta é realizada na primeira conferência de elementos, de anúncios e da posição dos textos. Nessa versão, também não há limite para a conferência. Após a verificação interna, é solicitada à gráfica uma prova da revista em formato real, para que haja nova conferência. Nesse processo, são verificadas as seguintes estruturas que compõem a revista:

- **Capa**: É o início. Fica exposta na banca, na livraria etc. Tem a função de apresentar a revista e as matérias. Promove uma comunicação com o leitor. Tem de ser muito bem elaborada e, geralmente, é realizada ao fim, no fechamento do miolo (páginas internas), para se ter a certeza de que todas as matérias estejam ali.
- **Publicidade**: Varia conforme o tipo de revista e de anúncio.
- **Editorial**: É obrigatório. Nele estão contidas as informações da editora, dos editores, dos gerentes, do designer, do ISBN etc. Geralmente, fica na página da direita.
- **Expediente**: Compõe a página do editorial.
- **Sumário**: Na revista impressa, é obrigatório. Trata-se do índice das matérias da revista.
- **Miolo**: É o corpo da revista em si. Contém a diagramação, os textos e tudo mais que pode compor a revista.
- **Quarta-capa ou contracapa**: É o fim da revista.
- **Classificados**: Geralmente, ficam no fim da revista e informam, por exemplo, o local das reportagens e a venda de produtos e serviços.

4.10 Síntese da produção de uma revista

Até aqui, apresentamos muitos elementos que podem compor e criar um projeto gráfico de revista e seu conteúdo. São informações relevantes que, agora, colocaremos em prática, para que tenhamos uma visão mais ampla do processo de produção de uma revista.

Conforme já mencionamos, a primeira etapa da produção de uma revista é a realização do *briefing* editorial, de pesquisas de mercado e da concepção de ideias. Essa etapa pode ser realizada pessoal ou virtualmente. Também trata do conhecimento dos elementos que poderão fazer parte do projeto, do processo de criação e do painel semântico. Trata-se da fase em que começa a surgir uma revista. Nela, é muito importante que a produção e o editorial estejam alinhados ao que querem emitir ao cliente – no caso, o leitor.

A segunda etapa se refere ao entendimento do processo do texto, à composição da matéria, à importância da comunicação e do seu papel na sociedade. Observa-se, também, a produção editorial e seu funcionamento. Nessa etapa, podem começar a surgir ideias mais concretas de projeto gráfico. Está mais presente no processo de criação e de concepção.

A terceira etapa é mais complexa e apresenta mais itens, por se tratar do projeto gráfico. Inicia-se com as informações obtidas no *briefing* editorial. Depois, são verificados os processos de criação e arte. O processo de criação pode ser realizado interna e externamente, dependendo de cada empresa. Será de responsabilidade da produção gráfica o andamento desse projeto, uma vez que ele envolve inúmeros elementos, ideias e concepções até chegar a um projeto ideal, de acordo com a empresa e com os leitores. Devemos avaliar se o projeto gráfico está alinhado visualmente aos leitores.

A quarta etapa se refere à produção gráfica em si, após a escolha e a finalização do projeto gráfico – ou seja, após tudo definido, inicia-se a produção das páginas e da capa, sendo a capa o último elemento a ser produzido. Nessa etapa, com o auxílio do diagrama ou *grid*, começa a diagramação, que é um dos elementos mais importantes. O processo de diagramação consiste em:

- verificar o projeto gráfico;
- fazer os encaixes dos textos conforme o *grid* definido e o projeto gráfico;
- checar se todos os elementos a serem inseridos nas páginas, como imagens, textos, ilustrações e anúncios, estão disponíveis;
- encaixar na página os elementos citados no item anterior;
- verificar, após a introdução dos textos e das imagens, se todos os elementos estão harmônicos e se são visualmente agradáveis;
- realizar a boneca;
- realizar as provas de conferência;
- encaminhar o material pronto para revisão;
- receber as provas e ajustá-las de acordo com as solicitações do revisor, até que se finalizem as revisões.

Na etapa de criação da página, por sua vez, o uso dos *softwares* potencializa o trabalho, sendo o InDesign, como vimos, a ferramenta mais utilizada. Confira como isso é feito. Ao abrir esse programa, são oferecidas as opções de criar uma página e de abrir uma já existente. Ao criar uma página, você pode encontrar algumas predefinições divididas em modelos, os quais estão classificados em: impressão, *web* e dispositivos móveis. Aqui, você pode abrir os modelos do Adobe e os da própria editora, que são abertos e salvos em *indd*. Não confunda esse formato com a extensão do *software*, que é *ind*.

Também existem os documentos em branco com predefinições de mercado, que facilitam a execução e o controle de qualidade da produção: tamanho, página, colunas, orientação, posição, margens e configurações de sangria.

As opções de predefinição são as seguintes:

- **Largura e altura** – Determinam o tamanho do documento.
- **Orientação** – Indica a orientação do documento – paisagem (horizontal) ou retrato (vertical). Essa informação está presente em quase todos os *softwares* de edição.
- **Páginas**: Referem-se ao número de páginas a serem criadas no documento.
- **Páginas opostas**: Fazem com que as páginas da esquerda e da direita fiquem opostas em uma página espelhada dupla.
- **Início**: Indica a numeração das páginas.
- **Colunas**: Estão ligadas à malha gráfica da diagramação e especificam o número de colunas a serem adicionadas ao documento.
- **Medianiz da coluna**: Determina a quantidade de espaço entre as colunas.

- **Margens**: Especificam os limites de cada lado do documento, sendo importante para que os elementos não saiam na página.
- **Sangria e espaçador**: Especificam a posição da sangria e do espaçador para cada lado do documento. Geralmente, são calculados conforme o padrão de mercado.
- **Visualizar**: Exibe a orientação e o tamanho de um documento.

Após predefinir a página, o próximo passo é definir a página mestra, que garantirá que todas as demais tenham a mesma estrutura. A página mestra, geralmente, contém logo, número de página, títulos, rodapés e cabeçalhos, que se repetem em todas as páginas, com exceção da capa. Os itens que são acrescidos à página mestra não podem ser selecionados em uma página do documento. Muitas vezes, a página mestra é desenvolvida pelo designer, de acordo com o projeto gráfico. Após abrir a página, configurá-la e conferi-la com o projeto gráfico, partimos para a conferência e a separação dos textos, das imagens e das ilustrações da página mestra, para que não ocorram erros e trocas.

Inicia-se, aqui, a diagramação de fato!

O diagramador insere o texto e as imagens utilizando os recursos de cor, parágrafo, texto ou tipologia, estilo, imagem e ilustração para compor a página.

Observemos que a página apresentada na Figura 4.10 apresenta duas colunas. Uma delas contém uma ilustração. No quadro cinza, ainda será inserida a foto do autor da matéria. Com isso, verificamos que a página ainda não está finalizada, embora tenham sido indicados o local e o tamanho da imagem, de acordo com o projeto gráfico da editora.

Uma página dupla é aquela cujo conteúdo está tanto à direita quanto à esquerda. Trata-se de uma página da esquerda e de abertura que contém elementos da página mestra – no caso, o texto acima, do lado direito.

Após compor toda a revista, o número de páginas determinado segue para a revisão, como mencionamos anteriormente. Não é muito indicado que o diagramador faça a conferência. Como esse profissional já trabalhou com os textos, erros podem passar despercebidos.

PARA SABER MAIS

Para visualizar como utilizar o *software* da Adobe, indicamos o *Guia do usuário do InDesign*. Esse guia traz dicas e informações sobre caixas de ferramentas, como usar as fontes, documentos em .pdf e alinhamento de texto. No mesmo *site*, você encontra os *softwares* Illustrator e Photoshop.

ADOBE. **Guia do usuário In Design**. Disponível em: <https://helpx.adobe.com/pt/indesign/user-guide.html>. Acesso em: 28 mar. 2022.

A **capa** segue o mesmo processo de produção do miolo, com a diferença de que ela apresenta mais arte do que texto. Para a criação da capa, é preciso pensar em como ficará aberta e fechada, o que gerará quatro capas. Por exemplo, se a revista tiver tamanho A4, a capa será um impresso A3 (frente e verso), como indica a Figura 4.9.

Figura 4.9 – **Montagem da capa da revista**

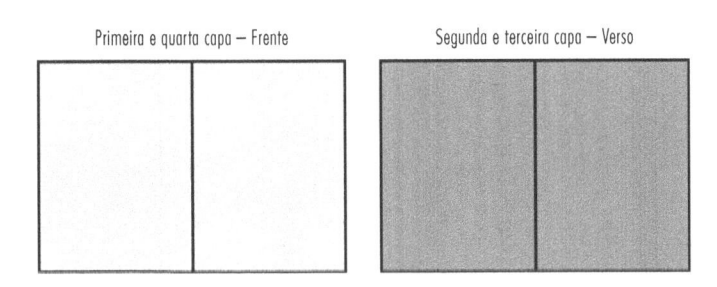

Primeira e quarta capa – Frente   Segunda e terceira capa – Verso

A capa também seguirá para revisão. Quando a capa e o miolo estiverem na revisão final, após o retorno e a conferência, o diagramador deve salvar o arquivo em .pdf, conforme as especificações de cada gráfica, e enviá-lo para o produtor gráfico ou para o responsável pelo setor de produção, que o encaminhará para a impressão (interna ou externa), a fim de gerar uma prova.

A versão digital das revistas já existe há alguns anos. No *software* InDesign, é possível atribuir o *publish on-line*. Dessa forma, você pode reutilizar documentos que serão impressos para a publicação *on-line*. Segundo a fabricante, essa função funciona em qualquer dispositivo ou navegador da *web*, sem a necessidade de se instalar um *plug-in*. Confira, na Figura 4.10, a versão *on-line* de uma revista.

Figura 4.10 – **Exibições em dispositivos móveis**

Sobre o *publish on-line*, no site do Adobe há, entre outras, as seguintes recomendações:

> **Após publicar seus documentos, você pode fornecer o URL do documento online a qualquer pessoa para exibir o documento em uma bela, mas simples, experiência de leitura online em qualquer dispositivo ou plataforma.** Também é possível compartilhar o documento online em redes sociais, como Facebook e Twitter, ou por email com um único clique. O documento também pode ser incorporado em qualquer site ou blog por meio do código de incorporação fornecido quando você clica na opção de incorporação no layout de visualização.
>
> [...]

Opções de compartilhamento: Você pode compartilhar seus documentos publicados no Twitter e por email. Também é possível dar aos visualizadores a opção de baixar o documento como PDF.

[...]

Efeito de transparência: Os documentos publicados online são compatíveis com transparência e outros efeitos com modos de mesclagem. As únicas exceções são quadros de texto, grupos, botões, objetos com animação e MSOs que se sobrepõem aos objetos que contêm transparência.

Atualizar documentos publicados: Você pode atualizar um documento publicado atualizando o original e publicando-o novamente. (Adobe, 2022b, grifo do original)

4.11 Orçamento

O orçamento da revista é feito após o início da produção, quando são realizadas cotações de impressão com gráficas. Muitas editoras preferem criar uma prévia antes de começar a produção. Como indicamos no Capítulo 2, com o *briefing* inicial, há um maior número de informações disponíveis, de modo que já pode ser solicitado o orçamento. Para isso, é necessário entrar em contato com as gráficas que imprimem a revista e indicar a tiragem.

IMPORTANTE!
Tiragem é a quantidade de impressos ou exemplares. No editorial, é o número de exemplares, por exemplo, 10 mil exemplares.

A solicitação de orçamento depende de algumas características de impressão e da revista. Segue um exemplo de solicitação de orçamento com base em nossas discussões anteriores.

Solicitação de orçamento

Prezado(a)

Solicito um orçamento para o item descrito a seguir.

Título: Revista X

Tiragem: 30 mil exemplares

Formato ou tamanho: 21 × 29,7 cm ou 210 × 297 mm

Número de páginas: 128

Cor: 4 × 4

Papel: *Couché* brilhante 120g/m²

Acabamento: Brilho

Acabamento especial: Não

Entrega: sim

A produção deve solicitar cotações a três ou mais empresas, para que possa comparar preços. É importante destacar que, caso seu orçamento contenha itens que sejam desconhecidos, é importante se informar sobre eles antes de fechar qualquer orçamento. Observaremos isso, ainda, nos métodos de impressão, no próximo capítulo.

SÍNTESE

O designer gráfico tem inúmeras possibilidades e elementos para compor sua arte e criar o projeto de uma revista. Seu trabalho faz parte da comunicação e garante que a informação seja levada ao leitor. Temos de dar uma "cara" a essa informação, e isso não pode ser feito de forma aleatória. Há conceitos e conteúdos que auxiliam nesses processos. Um fator muito importante que abordamos é a etapa de produção.

Na criação de um projeto ou mesmo na execução da montagem de uma revista, é preciso atuar com os *softwares*. Atualmente, com os avanços tecnológicos cada vez mais rápidos, a evolução dos *softwares* também acontece de forma mais veloz.

Vimos, assim, que o InDesign pode ser utilizado para a internet e conferimos o orçamento para impressão.

Também apresentamos um pouco do processo de diagramação e dos *softwares* mais utilizados no mercado, informações que competem a todas as formações. Introduzimos o InDesign e indicamos o acesso ao *site* do fornecedor Adobe, a fim de apresentar seus utilitários. Por isso, sugerimos que treine.

KONSTANTIN_SHISHKIN/Shutterstock

CAPÍTULO 5

PROCESSOS DE
PRODUÇÃO GRÁFICA

Nos capítulos anteriores, apresentamos o que compõe o design gráfico, suas possibilidades e os elementos integrantes de uma revista. Conferimos também o orçamento para impressão na última etapa do Capítulo 4. Agora, iniciaremos os estudos sobre pré-impressão e impressão.

Apesar de esse processo fazer parte da dinâmica de outra empresa, é geralmente acompanhado pelo designer que o contrata. Por isso, é de suma importância o entendimento desse processo como um todo, além de ele fazer parte do início de um projeto. Lembra-se do *briefing*, que menciona o sistema de impressão e o acabamento? É o que abordaremos a partir de agora.

5.1 Editoração eletrônica

Na década de 1970, surgiram, com os computadores de processamento gráfico, os grandes sistemas de comunicação, como edição de revistas, jornais e televisão. Nos anos de 1980, com o aumento do número de profissionais, programadores e empresas de tecnologia, iniciou-se uma nova realidade de integração dos sistemas, a chamada *desktop publishing* – em português, "editoração eletrônica". Esse processo de publicação de documentos e de revistas eliminou algumas etapas da Processos de produção da indústria gráfica, como diagramação, arte final e revisão, pois essas tarefas passaram a ser efetuadas pelos operadores de microcomputadores. Atualmente, são realizadas pelos designers e diagramadores.

A editoração, conforme demonstra a Figura 5.1, consiste em produzir arquivos digitalmente. No processo da pré-impressão, os designers já incorporam a editoração. Em resumo, é um processo em que os microcomputadores estão conectados em rede com o escâner e a impressora para compor, por exemplo, a página da revista. Os computadores contêm os *softwares* de imagem e de texto.

Figura 5.1 – **Negócio: vetor criado por macrovector**

macrovector/freepik

5.1.1 Preparação e fechamento de arquivo

As empresas de serviços gráficos têm equipamentos e mão de obra específicos para a produção de materiais gráficos. Grande parte apresenta equipamentos como impressoras digitais para provas, escâneres, prelo e plataformas digitais com os mesmos *softwares* utilizados pela criação e pela impressão.

Para a área de editoração eletrônica, utilizam-se impressoras de jato de tinta, que são de baixo custo e têm cores confiáveis; a *laser*, tanto preto e branco (PB) quanto em cores, que empregam tôneres e são confiáveis para a impressão de imagens e de texto; de provas digitais, que consistem em um sistema que mais simula o CMYK da impressão *offset*; e de *plotters*, que se destinam à impressão de *banners* e de outros materiais de comunicação visual. Alguns lugares têm máquinas pequenas de *offset* para gerar provas e pequenas tiragens.

A preparação do arquivo é realizada na editora – ou seja, o responsável pela produção confere se o arquivo está fechado conforme as configurações da gráfica e se os elementos do projeto gráfico e do texto estão adequados.

PARA SABER MAIS

As gráficas, geralmente, disponibilizam manuais de fechamento e de conferência de arquivo, os quais são enviados aos clientes. Confira a seguir um exemplo da gráfica Edelbra.

EDELBRA. **Fechamento de arquivos no InDesign**. Disponível em: <http://www.edelbra.com.br/grafica/downloads/Tutorial Edelbra_Fechamento_InDesign.pdf>. Acesso em: 28 mar. 2022.

O fechamento é realizado em várias etapas e, se não for finalizado corretamente, compromete o trabalho de toda a equipe, gerando, até mesmo, prejuízos financeiros. É preciso ter, em seu computador, uma impressora *Postscript* ou um *Postscript Printer Description* (PDD), que pode ser solicitado às gráficas. Essas impressoras virtuais carregam as configurações necessárias para uma boa impressão. Recomenda-se, de acordo com a norma ISO para a área, o fechamento em PDF/X1-a. Essa configuração já é padrão para todas as gráficas. Mas é sempre bom verificar antes!

PRESTE ATENÇÃO!

O **arquivo de documento portátil (*Portable Document File* – PDF)**, da empresa Adobe, facilita a compatibilização de documentos com diversos sistemas operacionais de computadores.

Após a realização desse fechamento, é muito importante lembrar de gerenciar e de conferir novamente os seguintes elementos:

- fontes dos textos;
- cores (CMYK);
- elementos como linhas e pontos;
- imagens (JPG, TIF) e ilustrações (procurar deixar sempre em vetor);
- marcas de corte e de dobra, se houver;
- margem de sangria.

Marcas de corte e de dobra

As marcas de corte estão situadas nos quatro cantos da página. São indicadas por linhas retas e determinam a dimensão final do impresso. As marcas de dobra orientam quanto ao lugar em que se deve dobrar a página. São indicadas por linhas tracejadas. Ambas, atualmente, são padrões dos *softwares*.

Margem de sangria

Desenhos, imagens e fundos que chegam a tocar a linha de corte devem ser ampliados até a marca de sangria, entre 4-5mm, para que, ao refilar o papel durante o acabamento, não faltem elementos na página. Você já viu aquele filete branco na lateral da página? Então, serve para que isso não ocorra.

O gerenciamento dos itens anteriores é muito importante para a conferência do material. Na sequência da conferência do arquivo com o projeto gráfico, da diagramação e das configurações da gráfica, vem o momento de enviar o arquivo fechado para a gráfica. O envio será realizado via *File Transfer Protocol* (FTP), que é um protocolo de transferência de arquivo via internet. Esse envio também pode ser feito de outras formas, como por *e-mail* e por *drive* em nuvem. Hoje, quase tudo é feito pela internet.

A gráfica recebe esse arquivo digital ou físico e, no atendimento, realiza uma breve conferência (verifica se abre e se está no formato adequado). Após isso, o arquivo é enviado para a pré-impressão. Caso haja algum problema, ele retorna para a editora ou para as empresas de pré-impressão. O erro é informado, e o processo é retomado.

5.2 Pré-impressão

A pré-impressão e a editoração eletrônica andam juntas. A *pré-impressão* é a etapa de produção que antecede a impressão – por isso recebe esse nome. Atua com os arquivos digitais dos clientes na sua preparação para o formato final de impressão e conduz seus processos de forma a evitar erros.

Começaremos nossa discussão pela produção do arquivo digital pelo editorial, processo que foi estudado no capítulo anterior. Esse arquivo digital é a matriz inicial para a impressão, que pode ser realizada em *offset*, em rotogravura e de forma digital. O arquivo gerado no departamento de produção editorial segue, após o orçamento ter sido realizado e fechado, para a empresa de serviço gráfico de impressão – a gráfica. Esse arquivo pode ser enviado de duas formas: aberto ou fechado.

5.2.1 Arquivo aberto x arquivo fechado

Arquivo aberto é aquele em que diagramamos a revista. É enviado no formato aberto do *software*. No caso do *InDesign*, esse formato será o **indd**. Todos os elementos vinculados, como imagens, ilustrações, arquivos de texto, tabelas e todas as fontes utilizadas, devem estar presentes na pasta do arquivo. O arquivo deve ser enviado para a gráfica e, depois de ser recebido, será aberto pelo operador de pré-impressão, que conferirá e fechará o arquivo de acordo com as características da gráfica.

O **arquivo fechado** já foi fechado com os vínculos, as fontes e todos os elementos trabalhados pelo designer ou pela produção (produtor gráfico ou arte-finalista). Também é necessário conferir se houve alguma alteração na hora do fechamento. Há enorme vantagem no fechamento do arquivo, em razão do controle e da eliminação de etapas do processo. Em seguida, a produção da revista envia o arquivo para a gráfica, que reduz seu tempo de fechamento na produção.

5.2.2 Prova

As fontes e as cores utilizadas no projeto gráfico são os elementos com que mais devemos nos preocupar, visto que, geralmente, são os mais suscetíveis a erros e a alterações no momento da impressão. Quem nunca pegou um impresso e observou um erro no texto e/ou a presença de letras codificadas, como ?????? Isso pode ser um erro de todo o processo ou de alguma etapa específica, seja do início, seja do fim. Outra situação que pode ocorrer é, por exemplo, a imagem ser vermelha e sair verde, destruindo sua comunicação. Novamente, é um erro. Por isso, em cada etapa do processo, a prova é uma ferramenta de controle de qualidade cujo auxílio permite eliminar erros e fazer pequenos ajustes e melhorias.

> A **prova** é um impresso que contém as características do produto final e que serve, geralmente, para conferência, na parte inicial da produção, e de modelo, na parte final da produção.
> **Prova de prelo** é o nome dado ao processo de prova. A prova simula a impressão e o sistema de cores, para que o cliente possa aprovar e conferir o resultado como se fosse uma impressão final.

Depois de ser realizada a prova, é necessária a conferência por parte do cliente e sua assinatura, para dar andamento ao processo. Nessa etapa, a editora recebe as provas, e o departamento editorial e de produção as conferirá novamente. Geralmente, sempre se conserta alguma palavra e/ou alguma cor. Após a última prova ser declarada correta e ter sido verificada por todos, o arquivo segue para a impressão. Essa etapa costuma voltar a passos anteriores mais de uma vez. Cabe ao cliente avaliar todo o conteúdo e realizar sua conferência, visto que, uma vez que se dê continuidade ao processo de impressão, qualquer erro representará prejuízo e atraso para o cliente. Por isso, é a etapa que mais necessita de concentração.

Caso seja aprovada, a prova deve ser enviada para o departamento de impressão, o qual conheceremos a seguir.

5.3 Impressão convencional e digital

Observamos que, nos últimos 20 anos, houve uma transformação grande com relação à tecnologia, que também atinge a indústria gráfica. No processo gráfico, substituiu-se a mão de obra específica e detalhista manual por máquinas e poucos operadores. Os laboratórios de fotografia diminuíram, quase todas as etapas são digitais, os fluxos são mais controlados e têm menor tempo de produção. O papel do profissional mudou e continua em transformação. *Softwares* vêm surgindo e ampliando uma gama de criações, que passaram a ser vistas por mais pessoas.

Essa é a tendência do processo de impressão digital: permitir que muito do que se vê seja impresso.

Com o aparecimento de diversas tecnologias digitais, de dispositivos e de fabricantes, as cores (que, antes, eram controladas) podem, hoje, divergir. Apesar de existirem algumas normas para a obtenção de cores, não temos, de fato, nenhuma garantia quanto à cor final. Por isso, atribuímos tanta importância às provas e ao gerenciamento de cor em cada etapa do processo, propiciando uma revista de qualidade.

Vamos relembrar, aqui, um pouco das cores **RGB**, **CMYK** e **Lab**. Conforme vimos anteriormente, a tela atua com as cores **RGB** (*red*, *green* e *blue* – vermelho, verde e azul, em português), conhecidas como *síntese aditiva* ou *adição de luz*. A impressão com **CMYK** (*cyan*, *magenta*, *yellow* e *black* – ciano, magenta, amarelo e preto, em português) é conhecida como *síntese subtrativa* e reproduz uma gama de cores. Outra forma muito utilizada na impressão é a escala de cor especial, cujo exemplo mais conhecido é a Pantone. Cada cor de impressão e de vídeo recebe uma determinação numérica, ponto em que começam os problemas para os sistemas de impressão que conheceremos a seguir.

PRESTE ATENÇÃO!

Um grupo de especialistas se reuniu, em 1931, para pensar sobre esse problema. Surgiu, então, a Comissão Internacional de Iluminação (CIE), que estuda uma forma de criar um espaço de cor que seja independente de equipamentos e, assim, criou o sistema **Lab**. Desse modo, calibramos as impressoras com esse sistema antes de começarmos cada impressão. É possível também deixar as máquinas pré-calibradas para cada trabalho e cada cliente.

Baer (1999, p. 63) afirma que uma das mais apropriadas definições do termo *impressão* continua sendo a seguinte: "A reprodução mecânica repetitiva de grafismos sobre suportes, por meio de formas de impressão". A tinta também é mencionada como um elemento importante da garantia de impressão.

5.3.1 Impressão convencional

Chamamos de *processo convencional de impressão* aquele que se utiliza de filmes, de chapa e de tinta. Conheceremos um pouco sobre a tinta de impressão e, na sequência, discorreremos sobre os processos de impressão.

Tinta

Como a história indica, a tinta nasceu na China, antes de Cristo. No século XV, a Europa já produzia essa tinta. Na maioria das vezes, era composta por negro de fumo e óleo de linhaça. O número de tintas coloridas não passava de três ou quatro até o século XVIII, quando surgiu a primeira fábrica de tintas, na Alemanha.

O pigmento principal da tinta, o que dá cor ao impresso, pode ser orgânico ou inorgânico. Os pigmentos estão presentes na arte em geral, na tinta, no giz, nos lápis. Além dos pigmentos, as tintas são compostas por elementos que lhes conferem características como secagem, decalque, brilho e cor. Esses elementos podem ser conferidos no livro de Baer (1999), mais especificamente na página 140. Esses elementos também conferem às tintas características de impressão, critério a partir do qual serão classificadas em *pastosas*, *líquidas* e *em pó*.

Tipos de impressão

Hoje em dia, o processo de impressão é realizado por três principais sistemas: o *offset*, a rotogravura e o digital. A impressão pode ser direta e indireta. A direta é aquela em que o clichê (forma de impressão) imprime diretamente no suporte (papel). A indireta é aquela em que uma forma imprime sobre outra e, depois, transfere o conteúdo para o suporte (papel). Em revistas, utiliza-se o *offset* e a rotogravura, a depender da tiragem (quantidade de impressos).

TIPOGRAFIA

É uma impressão relevográfica (em relevo). Utiliza-se de clichê (forma de impressão) e de tinta pastosa, sendo o processo mais antigo e convencional. Consiste em partes que imprimem em alto-relevo, com a figura invertida. A pré-impressão e a arte final são quase iguais às da impressão *offset*, salvo que é um sistema mecânico (linotipo, monotipo). Surgiu com Gutenberg e seus tipos móveis, com os quais formavam uma matriz, letra por letra, linha por linha. Essa matriz era prensada sobre o suporte por meio do qual o texto seria transferido para o papel.

OFFSET

Uma das mais utilizadas impressões da atualidade, consiste na impressão planográfica (plana). Utiliza-se de chapa (forma de impressão) – sistema parecido com o da litografia (pedra) – e de tinta pastosa. A litografia que se utiliza de pedra foi inventada por Aluísio Senefelder, em Praga, no ano de 1796. É a base da *offset*, que nasceu no século XX, pelas mãos do impressor Ira Washington Rubel, nos Estados Unidos. Utiliza os mesmos princípios físicos da litografia: a repulsão entre a água e o óleo (tinta gordurosa, pastosa), com o uso de cilindros intermediários que formam sua matriz metálica – em geral, de alumínio, metal que é sensível à luz. No método convencional, inicia-se o processo com o fotolito. Hoje em dia, em um método mais digital, a chapa é exposta à luz, havendo fixação da imagem.

Segundo Ribeiro (1998, p.137), "a palavra offset, de origem inglesa, significa repinte, transporte. É uma palavra mundialmente usada para designar esse sistema de impressão. Difere-se dos demais processos de impressão".

O sistema de impressão *offset* é muito utilizado na impressão de revistas e bastante conhecido no mercado. Possibilita diversos formatos e tamanhos.

A gráfica, ao receber o arquivo da pré-impressão com as configurações de máquina, libera-o para a gravação de chapa. Essa gravação é realizada digitalmente: o arquivo é enviado para a máquina de impressão de chapa, que é conhecida como *computer to plate* (CTP). Essa chapa é gravada de maneira invertida, opondo as posições naturais da imagem e do texto. Além disso, há uma chapa para cada cor. Em seguida, a chapa segue para o processo de revelação. Após ter sido revelada, o operador conferirá se está correta e encaminhará um conjunto de quatro chapas para a linha de produção em máquina.

A depender do tipo de máquina, encontramos composições de 2 a 4 cilindros, em que cada cilindro imprime uma cor de cada vez – quatro para CMYK ou dois para PB. Hoje, o avanço da tecnologia permite que o verniz seja acoplado à máquina, o que será muito útil para a impressão de capas. Algumas máquinas têm formatos mínimo e máximo. Por isso, o designer de revista deve prestar atenção ao tipo de equipamento utilizado pela empresa que contratou, para não ter problemas futuramente e comprometer o tempo e o projeto.

Outro ponto a ser observado é que o cliente ou designer deve, sempre, acompanhar o processo de impressão. Nas máquinas mais modernas, é possível fazer a gravação de alguns dados do trabalho no computador da máquina, como se fosse um banco de dados. Assim, o operador consegue garantir um melhor gerenciamento da cor nos trabalhos que se repetem com o mesmo logo, por exemplo.

Santos, Neves e Nascimento (2007, p. 2) afirmam que:

> Basicamente a impressão offset se dá em 3 ou 4 passos: geração de um fotolito a partir de um arquivo digital; a gravação da chapa metálica que servirá de matriz de impressão; passagem da imagem para a blanqueta e finalmente, passagem da blanqueta para o papel.
>
> Diz-se que os passos são 3 ou 4, pois, quando da existência de um CTP (Computer to Plate), o passo correspondente à geração do fotolito é eliminado, ou seja, do arquivo digital grava-se a chapa metálica diretamente.
>
> Para este estudo dá-se maior atenção à geração do fotolito que, na realidade nada mais é do que um filme transparente. Modernamente, com o uso de impressoras

laser e computadores, o fotolito pode ser feito à base de acetato, papel vegetal ou laser filme.

O fotolito é gerado a partir de um arquivo digital e para a impressão de uma imagem colorida (policromia) geralmente são utilizados 4 fotolitos, correspondentes às cores básicas padrão: o Ciano, o Magenta, o Amarelo e o Preto (o chamado sistema CMYK, do inglês Cyan, Magenta, Yellow e Black), gerando quatro fotolitos por imagem, um para cada cor. Para imagens em preto e branco, como textos ou logos simples, é necessário filmar apenas um fotolito.

Existem alguns tipos de pontos com os quais se obtém os degradês na impressão offset, são eles: os pontos redondos, os elipsoidais e os traços.

Há vantagens no processo para tiragens curtas, pois é permitida a impressão de melhores traços, com melhor distribuição e controle das cores.

ROTOGRAVURA

É uma impressão encavográfica surgida em 1910. Permite a tiragem do texto com a ilustração. Atualmente, volta-se para o editorial e para as embalagens flexíveis. Utiliza cilindro (forma de impressão) e tinta líquida de alta secagem. Aceita a aplicação de verniz na máquina ao fim da impressão. Baseia-se na calcografia, arte de gravar oco em cobre. Também é conhecida como *impressão em baixo relevo*, pois a imagem, na matriz, era gravada em um buril – atualmente, é gravada em cilindro de cobre em baixo relevo. A gravação do cilindro é obtida por meio do uso de três diamantes, em um processo eletromecânico, para se obter os alvéolos. A forma metálica apresenta alta durabilidade e a possibilidade de acabamento na saída em módulo permanece.

Seu uso traz vantagens para o processo de altas tiragens: por ser rotativa, é mais rápida a produção; a impressão é na frente e no verso do papel; os cilindros podem produzir mais de um milhão de impressões, o que é muito mais do que outras matrizes suportam; e há economia de tempo e de valores com filme e com fotolito. Esse tipo de impressão abrange um número maior de tipo de suporte, como papéis e plásticos, pois as empresas de embalagens e de rótulos utilizam esse sistema de impressão. As máquinas contêm quatro cilindros, um para cada cor. Em virtude desse processo, a Gráfica Abril, uma das maiores gráficas de impressão de revistas, adota esse método. É muito utilizado em impressão de miolos de revistas.

FLEXOGRAFIA

É um tipo de impressão relevográfica. Utiliza clichê de borracha (forma de impressão) e tinta líquida. É muito empregado em plásticos, como sacolas e rótulos. Em papel, costuma ser empregado na impressão de caixas. Nos últimos anos, foi mais destinado à impressão de revistas, por ter um baixo custo. O clichê de borracha é aplicado ao cilindro – atualmente, encontram-se cilindros que já recebem gravação, os anilox. Sua qualidade se assemelha à do *offset*. Existe um processo próprio de produção, pois há outros parâmetros envolvidos: a editoração e a pré-impressão.

SERIGRAFIA

É um tipo de impressão permeográfica. Utiliza tela (forma de impressão) e, em geral, destina-se a pequenos trabalhos e a trabalhos unitários personalizados. O processo já foi considerado econômico, mas, com o avanço da tecnologia, pode sair mais caro. Esse tipo de impressão se baseia na aplicação de tinta pastosa sobre um estêncil (forma de impressão) que é posicionado sobre o suporte em que se quer imprimir. A imagem é gravada no estêncil por meio de um filme. Esse tipo de impressão possibilita vários tipos de suporte.

Vimos, quando estudamos a história da arte, que a Pop Art foi um movimento artístico que valorizou bastante a serigrafia, sobretudo para a produção de cartazes. Na época, essa preferência se deu por se tratar de um método mais barato, que permitia que a arte fosse criada no suporte e, posteriormente, modificada.

A serigrafia é muito versátil, razão pela qual as empresas de publicidade costumam utilizá-la. Esse processo permite a impressão de pequenas tiragens personalizadas em diversos suportes, como camisetas, sacolas personalizadas e brindes. É um processo manual e lento. Exemplos do uso da serigrafia são o papel de parede, as cerâmicas e os chinelos de borracha personalizados.

5.3.2 Impressão digital

Com a chegada da impressão digital, tornou-se possível a manipulação de arquivos diretamente no computador, obtendo-se um impresso de alta qualidade, muito utilizado em pequenas tiragens, em revistas promocionais e em catálogos. Não há a necessidade de filmes ou de chapas, somente de um arquivo digital, o PDF, que é uma marca registrada da empresa Adobe.

As impressoras digitais de nossas casas também são exemplos desse tipo de impressão digital? Sim, mas falaremos, aqui, das máquinas profissionais de alta qualidade, que são semelhantes às impressoras *offset*, com a vantagem de que permitem personalizações.

Na década de 1990, esse tipo de impressão começou a surgir com a apresentação das máquinas digitais e o advento da editoração eletrônica, resultando no envio de um arquivo no computador diretamente para a gráfica, sem a menor interferência do operador. Esse tipo de processo permite novos produtos, novas soluções, impressões rápidas e de qualidade, bem como pequenas tiragens personalizadas para cada cliente. Com esse argumento, ganhou espaço no mercado durante os anos 2000. Pode-se aliar a impressão da revista em *offset* à personalização da capa com o nome do cliente em uma impressora digital.

A fotografia digital ganhou nova perspectiva: podem ser aplicados diversos acabamentos e ela também está sujeita aos demais sistema de impressão. Os *banners* são conhecidos como impressões digitais em grandes formatos. Sua impressora, que é do tipo *plotter*, imprime em papel e pode ser utilizada em projetos especiais de revistas fotográficas, por permitir o uso de papel fotográfico e uma qualidade maior da imagem. A impressão digital cria, assim, enormes oportunidades. A gráfica digital também atua com impressão de provas para *offset*, rotogravura e flexografia.

Vimos, então, que as melhores formas de impressão de uma revista são a *offset* e a rotogravura. Após esse processo, o impresso segue para o setor de acabamento, que veremos na sequência.

5.4 Acabamento gráfico

No fluxograma de produção da gráfica, o acabamento editorial seria a última etapa da produção do produto. Esse setor recebe os materiais executados na impressão. Sua função é finalizar os impressos de acordo com que é determinado pelo projeto gráfico e com as orientações da pré-impressão.

O acabamento que veremos é o editorial, que atua nos impressos com formatos retilíneos, como as revistas, os jornais, os livros, os catálogos, os panfletos etc. No entanto, há, ainda, o acabamento cartotécnico, que recebe materiais relativos a embalagens, caixas, *displays*, calendários, envelopes, sacos etc. Os materiais com acabamento cartotécnico, geralmente, têm formatos especiais e/ou papéis com maior gramatura.

As tarefas executadas com maior frequência são as de corte, dobra, colagem, alceamento, intercalação, colocação de espiral, costura, grampo, blocagem etc.

Na sequência estão termos que são muito utilizados no meio editorial. Existem outros que são mais específicos do setor de acabamento, mas são, ao mesmo tempo, menos relevantes do que os apresentados a seguir.

- **Pé**: É a parte inferior da revista.
- **Cabeça**: É a parte superior da revista.

- **Sobrecapa**: É uma capa a mais na edição, que pode estar junto com a lombada ou não. Geralmente, é realizada por anunciante.
- **Edição alceada**: São cadernos impressos organizados por sobreposição – caderno 1 sobre o caderno 2, e assim por diante. É utilizada em revistas que tenham um maior número de páginas e que necessitem de acabamento com cola.
- **Edição intercalada**: São cadernos impressos intercalados, com a colocação de um caderno dentro do outro, em uma sequência organizada, formando um objeto único. É utilizada em edições de revistas com poucos cadernos e poucas páginas, que, geralmente, são grampeados.
- **Aba ou orelha**: Geralmente, está presente em livros e serve como marcador de páginas. No entanto, algumas revistas com projetos especiais podem adotar abas ou orelhas, dependendo do formato desse projeto e de sua inserção na revista.
- **Lombada**: É a lateral de uma revista. As revistas com maior número de páginas e que passam pelo processo de cola e de alceamento geram uma altura na lateral. Essa altura é o que chamamos de *lombada*.

Falaremos um pouco mais da lombada, visto que esse elemento gera certa dúvida e é muito importante no projeto gráfico editorial de revista. Como vimos, ela se origina pela altura do empilhamento das páginas de uma publicação. Pode vir ou não com informações, cores etc. e varia conforme o projeto gráfico. Existem os seguintes tipos de lombada:

- **Lombada canoa**: Pode ser costurada ou grampeada e está presente em impressos com um pequeno número de páginas, como uma revista interna e um catálogo.
- **Lombada quadrada**: É utilizada em impressos cujos cadernos são sobrepostos. É mais vista em revistas e em livros. É definida por um número de páginas maior do que o da lombada canoa. A lombada quadrada pode ser colada, costurada ou ambos (colada e costurada). Aplicamos os dois tipos quando queremos obter maior segurança para as páginas, a fim de que não se soltem.

Figura 5.2 – **Tipos de lombada**

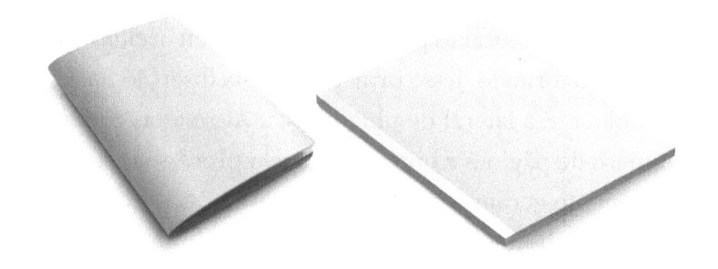

morokey/Shutterstock

5.4.1 Imposição

Cada etapa de produção apresenta subetapas. A imposição está no fim do processo de impressão, antes do início do acabamento. Ela realiza a ordenação das páginas da revista ou de outra publicação, para que se obtenha o melhor aproveitamento de papel. Depois de os cadernos serem dobrados, a revista é impressa, dobrada, colada ou grampeada e cortada.

O cálculo do papel visa programar e distribuir, da melhor maneira, as páginas que serão reproduzidas na máquina impressora, com foco no aproveitamento do papel e na diminuição dos custos. Geralmente, essa parte cabe à gráfica, mas o designer deve ater-se a esse processo, caso sejam necessárias alterações e/ou pequenas mudanças no projeto, com vistas a reduzir o custo e aumentar a qualidade de todo o processo.

5.4.2 **Cadernos de paginação**

Consistem na organização das páginas de uma edição desde a fase da montagem, proporcionando maior praticidade e maior produtividade. Os cadernos podem ser executados de duas maneiras: frente e verso e tira e retira.

Frente e verso

Correspondem aos lados normais de uma impressão. É a melhor forma de disposição dos cadernos, de modo que todas as páginas posicionadas no lado frente serão diferentes daquelas posicionadas no lado verso. A primeira página do caderno é o lado frente. Há uma normalização correta para essa imposição, que leva em consideração a dobra, o número de páginas, o suporte (nesse caso, o papel) – nome dado ao material que recebe a impressão – e o acabamento. Não é necessário seguir a norma em todos os casos, mas, para grandes escalas, é mais indicado manter o padrão, que está na Tabela 5.1, a seguir, para a obtenção de uma melhor qualidade.

Tabela 5.1 – **Número de dobras em função do número de páginas**

Número de páginas	Número de dobras
04	01
08	02
16	03
32	04
64	05

Tira e retira

É utilizado para determinado número de cadernos de impressão cujo suporte cabe o dobro. Em vez de cortar o papel ao meio e imprimir na frente e no verso de um caderno, mantém-se o formato sem corte. Isso acaba facilitando o processo de impressão (tempo de máquina). É a impressão simultânea de dois lados.

5.4.3 Dobra

É realizada totalmente em máquina, podendo ser acoplada à impressora. A máquina dobradeira realiza a impressão de acordo com as características do produto impresso. É necessária a verificação da gramatura do papel para que a dobra saia conforme as especificações do cliente. A quantidade de dobra é determinada na paginação, em consonância com o projeto da revista. Novamente, verifique o Quadro 5.1 para acompanhar as dobras.

5.4.4 Grampo

Consiste em um arame que, por meio de máquinas, realiza o grampeamento da revista. Exerce a mesma função do grampeador comum, mas com o auxílio de máquinas industriais.

O material impresso em máquina plana (que vimos em métodos de impressão) segue o seguinte fluxo: impressão de miolo e de capa; corte ou refile; dobra do miolo; intercalação; grampeação; refile trilateral (três lados: pé, cabeça e frente); empacotamento; e expedição.

Geralmente, uma rotativa consegue acoplar uma dobradeira ao seu sistema, garantindo menor tempo de produção e de fluxo. O material impresso em rotativa (que vimos em métodos de impressão) segue o seguinte fluxo: impressão da capa; corte da capa; impressão e dobra do miolo; intercalação; grampeamento; refile trilateral (três lados: pé, cabeça e frente); empacotamento; e expedição.

5.4.5 Cola

Utiliza-se o formato de cola na lombada em revistas de edição alceada – ou, simplesmente, revistas com maior número de páginas. Geralmente, é aplicada, além de em revistas com maior número de páginas, também em livros.

5.4.6 **Costura**

Consiste em costurar as páginas. Geralmente, é aplicada em livros, mas pode ser vista, também, em projetos especiais de revistas. No entanto, em virtude do processo e do custo, não é muito empregada nestas.

5.4.7 **Corte ou refile**

O corte, mais conhecido na indústria gráfica como *refile*, é necessário em quase todo o processo: no início, ao cortarmos o papel; no acabamento das folhas de impressão; e no fim do produto. O equipamento de refile é a guilhotina, que contém lâminas de corte.

- O corte inicial é aquele que prepara a folha anteriormente à impressão – por isso, recebe esse nome;
- o corte final ocorre após a impressão da revista, que será refilada (cortada) de acordo com o formato e com o projeto gráfico. Esse refile final é o que confere o visual da revista que vemos nas bancas. O corte final linear é reto, como é o caso de rótulos, cartazes, panfletos etc. O corte trilateral é aplicado em produtos editoriais quase finalizados, como revistas, livros, agendas e cadernos.

5.4.8 **Plastificação ou laminação**

Mais conhecida na indústria gráfica como *laminação*, a plastificação consiste em aplicar uma camada plástica ao impresso – normalmente, à capa. Dificilmente encontramos aplicação de plastificação no miolo.

Esse processo tem a função de garantir o brilho e a duração dos impressos nos postos de venda (PDV), uma vez que o papel e a tinta podem sofrer alterações com o tempo. A gráfica deve ficar atenta ao papel e à tinta utilizados na impressão, para que haja uma melhor aderência do plástico. A presença de plastificação deve ser definida no projeto gráfico editorial.

5.4.9 Hot Stamping: gravação a quente

Refere-se ao processo de pós-impressão, mas não deixa de ser um tipo de impressão. É realizado durante o acabamento ou após – nesse último caso, por empresas terceirizadas. Consiste em aplicar, com o uso de calor, uma película de cores diversas ao impresso – ouro, prata, bronze e rosa metálico são exemplos de cores de película.

No passado, era aplicado somente em títulos, em linhas e em letras. Hoje, com a evolução dos procedimentos, há uma grande diversidade de usos, em combinação, inclusive, com outros acabamentos. A Figura 5.3 demonstra uma parte da cartela de cores das lâminas de *Hot Stamping*; é possível solicitar essa cartela para que o designer possa inovar cada vez mais em suas criações.

Figura 5.3 – **Cartela de cores *Hot Stamping***

O *Hot Stamping* é muito utilizado para conferir ao projeto luxo, riqueza e elegância. Por exemplo, uma sacola de papel toda preta com o nome da empresa em *Hot Stamping* dourado transmite essa sensação. Em capas duras de livros, em revistas com efeitos especiais na capa e em embalagens, podemos conferir o uso de *Hot Stamping* como textura. Trata-se de um dos acabamentos mais utilizados em projetos de designers.

5.4.10 **Relevo**

É um tipo de acabamento que também é uma impressão. É um sistema que confere certa altura ao impresso. Por meio de pressão no suporte, gera uma altura no local escolhido pelo produtor gráfico. Por exemplo, uma revista pode ter seu nome escrito em alto relevo. Ao tocá-lo, sentiremos que o papel está mais alto no nome. Caso o relevo seja para dentro, a técnica aplicada é de baixo relevo. O relevo pode ser aplicado junto ao *Hot Stamping*, proporcionando um efeito de luxo e de riqueza, principalmente no caso do uso da cor dourada.

5.4.11 Verniz

Seu uso é semelhante à aplicação de plastificação, conferindo ao produto brilho, cor e cheiro. Por exemplo, o verniz "brilhito" é muito aplicado para dar uma ideia de confete ao projeto gráfico. É muito aplicado, também, na publicidade, para mexer com as sensações do público-alvo. O verniz garante durabilidade à revista.

5.4.12 Encartes

Em uma revista podem ser inseridos encartes. Normalmente, são publicitários, ou seja, algum tipo de propaganda vinculada à revista. Esses encartes são acrescentados ao impresso manualmente, no fim de toda a produção.

5.4.13 Empacotamento

Os tipos de empacotamento mais utilizados após a finalização do impresso são o individual e o por lotes (*palets*). Esses lotes, chamados *shrink*, são os mais comuns, e seu processo consiste em envolver o produto com um plástico filme. O empacotamento pode ser separado por quantidade, por revista, por caixa, por lotes (pequenos e maiores), por zona de distribuição, por peso etc. Essa etapa confere o acordado no orçamento visto no capítulo anterior.

Como vimos, o acabamento é de suma importância para a garantia de um bom produto – no caso das revistas, para a garantia de um produto sem amassados, sem decalques (quando a laminação solta da folha) e sem cores. Enfim, também tem a função de dar beleza ao projeto idealizado e executado.

MÃOS À OBRA

Sugerimos que, para conhecer mais sobre as etapas estudadas, você vá a uma banca e a um sebo ou se concentre nas revistas guardadas em casa. Pegue várias revistas e analise os tópicos que estudamos neste e nos capítulos anteriores. Faça anotações e aponte o que pode ser melhorado. Fica a dica!

5.5 Logística e distribuição

Trata-se de uma etapa que, normalmente, compete a um departamento próprio. Aqui, é importante ressaltar que, em muitas empresas, o departamento de produção gráfica se encarrega, com o departamento comercial, de contratar os serviços de distribuição, pois muitas gráficas, hoje em dia, para facilitar a vida dos clientes, oferecem esse serviço para lugares acordados. Isso significa que o valor do *frete*, como é chamada a entrega, está incluído no processo de orçamento gráfico, facilitando a etapa de entrega. Para a editora, isso representa uma economia de tempo, de espaço e de processos, uma vez que os produtos saem diretamente da gráfica para os locais de venda, evitando processos longos de entrega e a existência de um depósito próprio. A forma de entrega deve ser acordada entre a editora e a gráfica, para garantir a entrega do produto com a qualidade exigida pela editora.

Atualmente, com *softwares* integrados e sistemas de logística, é possível entregar ao cliente um controle dos processos de venda, com a indicação dos títulos, das quantidades que foram entregues, das datas e dos horários em que tais entregas ocorreram. Assim, o sistema de compras e de vendas de todas as empresas envolvidas é atualizado.

5.6 Revista digital

No atual contexto da tecnologia, com diferentes formas de promover a comunicação, não poderíamos deixar de abordar a revista digital. Trata-se de um mercado que é crescente e, ao mesmo tempo, disperso, pois muitas revistas foram disponibilizadas na internet sem a realização de um projeto prévio. Além do mais, é necessário que pensemos nas diversas plataformas de visualização das revistas.

Hoje, encontramos várias revistas científicas e técnicas no meio digital. Mas o que acontece com as revistas comuns que lemos todos os dias? As mudanças que vêm ocorrendo mostram o futuro e o comportamento do leitor de revistas. Vamos, então, à produção digital desse veículo, para entender melhor seu comportamento.

Após a realização do projeto gráfico, da impressão, do fechamento do arquivo pelo setor editorial e da conferência dos elementos gráficos – fontes, textos, cores (CMYK), linhas, pontos, imagens (JPG, TIF) e ilustrações (sempre em vetor) –, prepararemos o arquivo para impressão ou envio para os meios digitais.

Em algumas plataformas, há como enviar o PDF, que se tornará uma revista digital idêntica à impressa. Outras empresas dispõem de aplicativos que dão mais movimento à revista e que permitem a inserção de vídeos e áudios, como se a revista fosse uma página animada de internet.

Você sabia que existem diferenças entre os formatos de revistas digitais e de revistas digitais *on-line*?

As revistas digitais, na maioria dos casos, baseiam-se em arquivos PDF, que servem apenas para a leitura de textos. Por sua vez, as revistas digitais *on-line* dependem de conexão com a internet e apresentam interatividade. Você pode construir uma revista digital (PDF) por meio de *softwares* como o InDesign e o WordPress. A revista digital não é nem um *e-book* nem um *epub*, que são formatos destinados à produção de livros.

A Issu.com é uma empresa de publicação digital à qual podemos acrescentar revistas. Geralmente, essa plataforma é utilizada por pessoas que fazem revistas e projetos de revistas em cursos de graduação e pós-graduação. A produção deve se ater às etapas de uma revista digital. Para isso, são necessários os seguintes cuidados:

- pensar de forma digital e construir a revista para circular nesse meio;
- ter um bom design para o meio digital;
- distribuir as notícias e criar, paralelamente, as que serão postadas em redes sociais;
- ter uma lista de leitores ou seguidores daquele assunto;
- cuidar da audiência da revista com publicações e outros tipos de publicidade;
- analisar as métricas de visualizações.

Durante o processo de produção gráfica (na gráfica), a editora pode viabilizar a produção da versão digital da revista. Os arquivos abertos serão enviados para o departamento que conduzirá a produção da revista digital como se fosse a criação de uma revista nova. Alternativamente, os arquivos abertos podem ser enviados para uma empresa especializada nesse tipo de processo de conversão. A revista digital pode ter um designer diferente do da versão impressa, em virtude das características do sistema de comunicação – no caso, a internet – e da necessidade de o arquivo ser reproduzido em diferentes suportes, como celulares, *tablets* e computadores.

O *software* InDesign e o formato HTML, com seus recursos, permitem a produção e a divulgação de revistas em mídias digitais e com compatibilidade para aparelhos *mobile*. Para que a revista alcance o leitor, verifique:

- se o *layout* da revista se adapta às diversas plataformas existentes;
- se a revista está legível – normalmente, os *apps* permitem a visualização no formato retrato ou no formato paisagem;
- quais são os limites dos aparelhos;
- se as ilustrações e as fotos chamam a atenção do leitor;
- se será necessário redimensionar (reduzir ou aumentar) o tamanho de alguma imagem;
- se as fontes estão adequadas;
- se qualquer edição da revista poderá ser baixada pelo leitor em qualquer aparelho;
- a quantidade de vendas digitais.

SÍNTESE

Chegamos ao fim de mais um capítulo, em que conferimos os processos executados em uma gráfica e a etapa de acabamento. Lembre-se de que as etapas de impressão e acabamento podem ser realizadas pela mesma empresa ou por prestadores de serviços diferentes!

Indicamos, também, a relevância, para os processos de impressão, de se conhecer quais são os tipos mais utilizados e quais são os mais indicados para revistas. Assim, agora você tem ciência de como se produz uma revista e quais são os processos de produção e de controle.

Vimos, ainda, que dominar todo o processo de produção da revista, mesmo aqueles que não estão ligados efetivamente à impressão, ao acabamento e à distribuição, é essencial para que planejemos e executemos projetos gráficos, bem como para que obtenhamos uma revista que seja merecedora de muitas vendas. Quanto mais a revista vender, mais sucesso alcançaremos e mais edições produziremos.

Ao fim do capítulo, apontamos a importância da entrega para a qualidade do produto, visto que uma de suas funções é garantir que o consumidor da revista receba um produto bonito, adequado e vendável.

carlos castillo/Shutterstock

CAPÍTULO 6

OUTROS CONCEITOS
PARA PERIÓDICOS

No capítulo anterior, dedicamo-nos aos sistemas de pré-impressão e aos seus processos, que se misturam com a editoração eletrônica. Seguimos para o processo de impressão, passando pelo acabamento, e, por fim, abordamos as etapas de entrega e de distribuição.

Neste capítulo, daremos enfoque às diferenças entre as revistas comerciais e as científicas. Estas últimas pertencem a um dos segmentos que têm, atualmente, um grande volume de produção. Para um artigo médico ser válido, por exemplo, é necessário que seja divulgado nesse tipo de veículo, o que tem fomentado constantemente os editoriais.

6.1 Relação entre revistas digital e comercial

Em comunicação, pensar em revista é considerar levar informação, *marketing* e design ao maior número de pessoas possível. Nesse sentido, é essencial, nos dias de hoje, que a revista esteja no meio digital.

Nos capítulos anteriores, falamos de revistas em geral, tanto comerciais quanto científicas. Neste capítulo, trataremos do que diferencia a produção editorial científica da comercial – isto é, analisaremos a forma de expressão da produção de revistas científicas. Vale lembrar que o conteúdo dessas duas modalidades de revista pode ser o mesmo: os principais elementos que as diferem é a linguagem apresentada, o design, a tiragem e o volume de divulgação.

Diferenciar uma revista técnico-científica de uma comercial, que é vendida em bancas e trata de assuntos diversos, faz com que imaginemos questões como: os projetos de ambas; o público-alvo que atingem; a informação que veiculam; seus objetivos; e o tipo de anunciantes (se houver). São os anunciantes que pagam os salários dos profissionais que ali estão para criar, produzir, informar e publicar conteúdos.

No meio digital, por sua vez, os conteúdos são medidos e aprovados por número de acessos. É isso mesmo: no meio digital, não contabilizamos impressões físicas, mas sim o custo por consumidor que acessa a publicação. Os cliques que damos nas matérias, nas páginas exibidas e nos anúncios são contabilizados, a fim de testar a viabilidade do projeto. Apresentaremos, mais adiante, a história e a evolução das revistas digitais. Também indicaremos, neste capítulo, o quanto a revista digital pode e deve influenciar o poder de comunicar, informar, comercializar e vender produtos, serviços e empresas.

Definimos a revista eletrônica como a que pode ser acessada eletronicamente – em geral, por meio da internet.

PRESTE ATENÇÃO!

Você sabia que, no Brasil, alguns programas de televisão são chamados de *revista*? Intitulam-se *revistas eletrônicas* por serem programas semanais e em razão de, na época de seu lançamento, a televisão ter sido o meio mais digital (mais eletrônico) de que dispúnhamos. No entanto, hoje não se enquadram em nenhuma classificação de revista: são programas jornalísticos ou informativos. Na televisão, o mais próximo que temos de uma revista eletrônica são os guias de programação, que são utilizados pelas emissoras para informar ao assinante a programação de cada canal.

6.2 A comunicação e o tempo

A comunicação sempre se desenvolveu ao longo da história. Para isso, basta ver a criação do telefone e da imprensa escrita e falada, por exemplo. Porém, somente em 1997 a internet começou a dar seus primeiros passos para a divulgação de informações. Além disso, programas foram criados para agilizar os serviços bancários e aparelhos foram inventados para auxiliar a comunicação nos serviços médicos, como os famosos *bips*.

IMPORTANTE!
Bips são pequenos aparelhos retransmissores de mensagens. Comprava-se um pequeno aparelho, colorido ou não, com um plano de mensagens a serem recebidas por mês. Seu funcionamento se dava por meio de ligação para uma central, cuja atendente recebia a mensagem e a transcrevia para o sistema que a distribuía para o aparelho.

De acordo com Stumpf (1996), com o avanço da tecnologia, a editoração eletrônica possibilitou qualidade e agilidade na produção de revistas. A autora afirma que: "Entre as tentativas de informatizar todo o processo editorial, as mais significativas apresentadas pela literatura são dos projetos EPC, desenvolvidos nos Estados Unidos, e BLEND, na Inglaterra" (Stumpf, 1996, p. 3).

Procurando atingir o máximo de pessoas com um mínimo custo, a partir de 2000, muitas empresas entraram para o mundo digital, mas apenas para a trocas de *e-mails* e informações e para a editoração das revistas. Ainda predominava a arte, a publicidade e o *marketing* de revistas impressas. Ao longo da evolução da tecnologia e da forma de se comunicar, fez-se necessária a mudança de como atingir o público-alvo, que se mudou das bancas de jornais para qualquer lugar do mundo.

De início, a revista digital era confeccionada no mesmo molde da revista impressa, conforme observamos no capítulo anterior. Porém, após ser finalizada, era distribuída por *e-mail*, e o cliente baixava a revista para lê-la posteriormente. Era necessário o uso do computador, porque outros equipamentos não suportavam o tamanho do arquivo.

"Levacov (1997) afirma, baseado em Barret (1989), Ogden (1992) e Adams (1993), 'que o avanço da tecnologia nos coloca à frente de uma revolução, comparada à invenção dos tipos móveis por Gutenberg'" (Bomfá; Castro, 2004, p. 40). Isso fez com que, em meados de 2005, modificássemos a maneira de pensar, de agir e de distribuir uma revista, uma vez que ela poderia e deveria ser, apesar de impressa, personalizada para o meio digital.

Mas o que seria a personalização da revista digital? De maneira geral, cada cliente teria um nome, uma atenção especial com relação ao conteúdo e à entrega. Poderíamos criar capas impressas com o que mais gostávamos e com os personagens que mais curtíssemos. Isso era sempre feito com alto custo, mas já era uma maneira de tornar as revistas digitais. No entanto, ao longo do tempo, o procedimento se tornou obsoleto, visto

que a internet passou a oferecer os conteúdos que procuramos.
E cada vez mais a tecnologia avança nesse sentido.

PRESTE ATENÇÃO!

Apenas em 2012 surgiu, nos Estados Unidos, a primeira revista totalmente digital, pensada e produzida para ser totalmente *on-line*: a *The Magazine*, fundada com apoio da Apple. Sua confecção era feita nos mesmos moldes da produção de uma revista impressa, mas sua distribuição ocorria por meio de um *mailing*, com o envio do que chamamos de *e-mail marketing*. Com um novo conceito, a revista *on-line* – não tão *on-line* assim – era acessada via *e-mail* e em .pdf, o que exigia de todos os leitores programas da empresa Adobe em conjunto com a Apple. Ao longo de oito anos, a revista se manteve com anunciantes e os assinantes e se transformou, de um arquivo em .pdf, em uma revista interativa publicada em plataformas específicas. No entanto, por conta das novas formas de anúncio e da perda de assinantes, a revista *The Magazine* encerrou suas atividades em 8 de outubro de 2020.

No Brasil, grandes editoras se viram pressionadas a irem para o ambiente *on-line* a partir de 2000, mas se efetivaram no mercado somente a partir de 2004. Quem não estava na internet, não estava em lugar algum. A revista impressa jamais deixou de existir, mas as publicações *on-lines* se tornaram obrigatórias após 2004. A tecnologia evoluía a cada ano em uma velocidade extraordinária e, ao mesmo tempo, inovava, reinventava e transformava os modos de consumo.

As agências passaram a criar anúncios *on-line* e *off-line*, como é o caso da *Veja São Paulo*, revista brasileira de maior circulação nacional e internacional, que focou em propagandas que pudessem ser vistas em todas as plataformas por meio de acesso ao *site* com um *link* especial.

IMPORTANTE!

Um *link* é um endereço eletrônico. É precedido, sempre, de um protocolo (http://www.xxxxx.com.br/xxxx). Pode ter, por exemplo, as extensões .com e .com.br, e, ainda, outras formas de registro. Trata-se do endereço eletrônico de uma empresa, de uma revista etc.

A hipótese de que o meio impresso se uniria ao digital foi comprovada em 2017, ano em que pesquisas demonstraram que a revista *Época*, do grupo Globo, cresceu 288% no meio digital. Antes, destacavam-se a revista *Cláudia*, com 96% de crescimento; a *Mundo Estranho*, com 59%; e a *Veja*, com a mesma porcentagem. A *Época* segue sendo a líder de acessos, com média de 355,8 mil acessos por ano (Apesar..., 2018). No Gráfico 6.1, podemos conferir alguns dados fornecidos pelo Instituto Verificador de Comunicação (IVC), que faz auditorias em revistas e jornais do Brasil. Para essa aferição, os periódicos impressos apresentam um mecanismo que mede o acesso por número de cliques nas reportagens e nos *banners* dos anúncios. Adotam as médias de *Unique Browser*, de *Visits* e de *Page Impressionns*. A publicação dos resultados é semanal e mensal.

Gráfico 6.1 – **Instituto Verificador de Comunicação – IVC (Exame tem circulação quinzenal)**

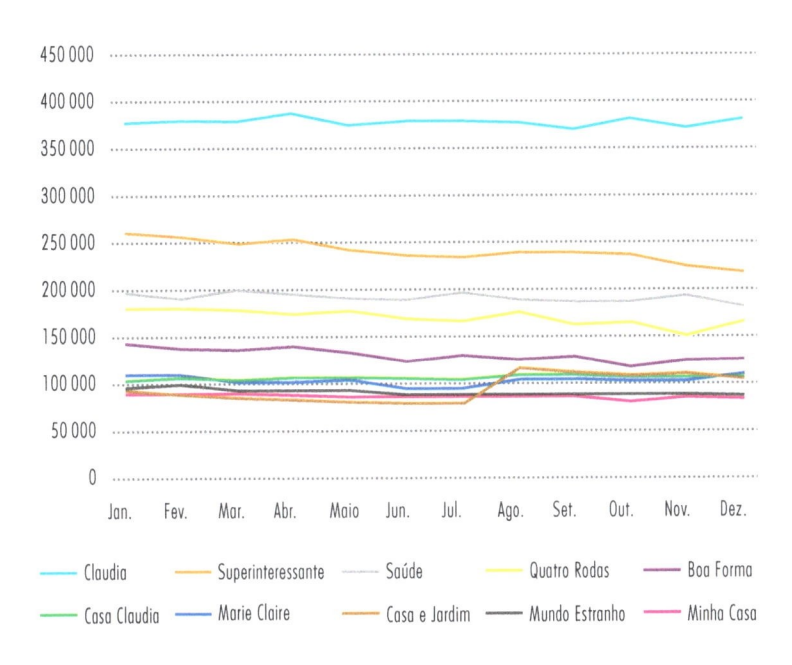

Fonte: Apesar..., 2018.

As revistas científicas têm como principal função a publicação de artigos científicos, que seguem normas rigorosas de conteúdo e de forma determinadas pela Associação Brasileira de Normas Técnicas (ABNT). Além disso, é preciso que exista análise do conteúdo por pessoas competentes, que, geralmente, são especialistas na área. O objetivo dessas revistas é incentivar pesquisadores da área, facilitando, assim, a divulgação de descobertas. Podem, também, ter como objetivos: a eliminação dos custos de um produto físico (a própria revista); a promoção do conhecimento científico; a facilitação aos pesquisadores quanto à submissão de seus artigos, que poderá ser realizada rapidamente e de qualquer lugar; e a contribuição para a educação e para a pesquisa, com novas descobertas e novos testes realizados.

O visual dessas revistas é sempre explicativo e mais textual do que visual. Porém, elas não precisam ser "chatas", cabendo ao designer estabelecer o diferencial de cada uma delas.

6.3 Revista digital como ferramenta de publicidade

Ao falarmos do meio digital, logo vêm à mente *blogs*, redes sociais e outros recursos, os quais se tornaram, atualmente, ferramentas que não podem faltar na comunicação de empresas que vendem conteúdo. Desde 2015, a internet vem evoluindo de tal forma que, em minutos, somos bombardeados por informações, falsas ou não. Portanto, é inadmissível, hoje, que uma publicação exista apenas no formato impresso. Aliás, é preciso que esteja acessível em todas as plataformas: *smartphones*, *tablets* e computadores.

Mas como podemos fazer isso? Com o uso de mais elementos gráficos, como fotos, números, ícones e infográficos, vídeos interativos e jogos, tornando as publicações mais dinâmicas e abrangentes.

Para monitorar toda essa evolução e verificar se o caminho adotado está correto, muitos gestores se baseiam nos relatórios de acesso às suas páginas, os quais se fundamentam no número de *downloads* efetuados no *dashboard* e nas *tags* colocadas nas páginas.

Nesse ponto, o design de revista surge como diferencial de comunicação e de *marketing* dentro da empresa. Transformar o impresso em digital nem sempre é fácil e considerado inovador. As fórmulas empregadas nesses meios não podem ser as mesmas, uma vez que alguns efeitos, como o uso das cores dourada e prateada, são difíceis de se reproduzir *on-line*. Além disso, a presença de algo animado na revista *on-line* é a melhor forma de prender a atenção do leitor que se quer obter.

A primeira fase do produto *on-line* é tratar a revista digital como um projeto, com público-alvo e objetivos a serem atingidos.

O passo inicial do projeto é pensar em que plataformas a revista digital será distribuída, as quais podem ser pagas ou gratuitas. Após a escolha da plataforma, é preciso avaliar se a criação e os métodos interativos empregados são coerentes com a dinâmica de uma revista *on-line*. Por exemplo, não podemos usar o mesmo PDF animado criado para *smartphones* na distribuição por *e-mail* ou na internet, que demanda elementos mais interativos, como vídeos.

O texto tem de ser revisado e as fontes devem ser citadas sempre. Qualquer informação despercebida nos leva, hoje, à Lei Geral de Proteção de Dados (LGPD) e à Lei de Proteção Intelectual. Quando se fala em conteúdo relevante, referimo-nos ao conteúdo que atinge o ranque do Google, fonte principal de pesquisa atualmente. Quem não está no Google, não está em lugar algum. Nesse sentido, o *layout* tem de ser curto, rápido e objetivo.

O público, cada vez mais seletivo e detentor de várias informações, não quer perder tempo lendo e vendo algo que não agregará nada. Portanto, atrair e manter a atenção do leitor com elementos interativos e interessantes é, sem dúvida, a principal característica do ambiente *on-line*. As melhores maneiras de captar novos leitores são a criação de uma *landing page* e o envio de *e-mails marketing*, destacando o principal conteúdo e o objetivo da revista a ser publicada. Vale a pena, também, enviar um *e-mail* com as principais notícias de cada edição, para que o cliente possa verificar o que encontrará em suas páginas.

Um exemplo de diversificação de público é a formação de *mailings* mais abrangentes. Dessa forma, são obtidos os *leads* qualificados necessários à empresa. Trata-se de revistas geradas por grandes eventos, em grandes pavilhões, pelo Brasil afora. Algumas são mensais e informam os produtos das empresas expositoras e como anda o mercado de atuação daquela revista, como o de energia solar, que, no ano de 2020, sofreu grandes mudanças.

Além do evento, associam-se à revista as principais informações do setor. Por isso, a diagramação e o design têm de se diferenciar. Em periódicos impressos, podemos dispor de textos maiores e ter um grande número de páginas, ao passo que, no meio digital, devemos ter resumos bem qualificados que prendam a atenção do leitor no portal e na revista ao mesmo tempo. Quando chega o evento, o cliente, o expositor e o visitante estarão informados e mais assertivos com relação à compra dos produtos anunciados.

Lembre-se de que o foco está sempre na experiência do usuário. A revista digital pode ser folheada como uma revista impressa. As ferramentas disponíveis propiciam isso com suas funcionalidades. Uma das sugestões para a versão *off-line* é a presença de uma página que destaque as novidades da edição digital, aumentando, assim, o interesse pela versão digital, que terá conteúdos que, a princípio, não puderam ser desdobrados no meio impresso.

Para revistas científicas, a publicação em mídia digital tem de ser capaz de atender às exigências dos pesquisadores, que consomem mais informações técnicas do que elementos visuais – anúncios, vídeos etc. Esse público se atenta mais a gráficos, a dados e à confiabilidade da informação, sendo de extrema necessidade um jornalista capacitado para atuar na área.

6.3.1 **Revistas científica e comercial**

Há basicamente dois tipos de revista: a comercial e a científica. Isso requer passos específicos para a produção de cada categoria. É importante não perder de vista que os dois tipos são relevantes para seus respectivos consumidores.

Revista *on-line*

PRODUÇÃO CIENTÍFICA

- Submissão de artigos.
- Pré-avaliação por especialistas.
- Avaliação.

- Aprovação do artigo.
- Autorização pelo(s) autor(es) para publicação.
- Diagramação da revista conforme dados dos artigos.
- Conferência e aprovação final.
- Fechamento e publicação.

PRODUÇÃO COMERCIAL OU PUBLICITÁRIA

- Definição de seções.
- Definição de matérias.
- Quantidade de anunciantes.
- Quantos clientes se quer obter com essa versão (a mesma ou superior à anterior).
- Onde será distribuída (geralmente, a comercial está em todas as plataformas digitais).
- Desenvolvimento de arte, reportagem etc.
- Protótipo.
- Aprovação e finalização.
- Distribuição com informativos de *pop-up* em vários lugares e *e-mail marketing*.

Para a revista digital, é necessário ter um *web designer* ou um programador, para que se possa fazer rapidamente as alterações necessárias nos portais em que a empresa distribui a revista.

O profissional de revista *on-line* poderá atuar com o editor e o programador ou *webmaster*. Para a revista impressa, boa parte do serviço é terceirizada, havendo uma equipe mais enxuta. A revista *on-line* tem um entrega maior e alcança mais visibilidade, razão por que seu editor tem de ser *web designer*, *webmaster* ou programador.

O design de revista e o conselho editorial compõem a revista. Além disso, há a parte comercial, que determina os anúncios, os quais, geralmente, vêm prontos das empresas anunciantes.

Etapas para a elaboração de revistas

- Projeto de *layout* baseado no público-alvo, em interesses comerciais, na área temática, na periodicidade etc.
- Distribuição e ajustes específicos para cada canal de divulgação.
- Definição de metas, do custo de anúncios e das publicações.
- Registro do periódico no ISSN (*Internacional Standard Serial Number*).
- Comunicação constante com o corpo editorial da revista, passando informações como datas, prazos para a publicação do próximo número etc.
- Presença de *links* em todas as páginas, possibilitando que o leitor tenha acesso às edições e a artigos passados sobre o assunto da edição atual.
- Divulgação do periódico nos principais *sites* de busca e em bons canais de divulgação.

As plataformas podem ser gratuitas ou pagas: o que as difere é a contagem de *downloads* (a capacidade de baixar a revista para ler depois, em qualquer lugar, sem internet).

Essas plataformas serão definidas de acordo com o objetivo da editora e de acordo com o que as empresas de mídias digitais venham a oferecer. Novamente, será realizado um orçamento.

6.4 Marketing editorial

Atualmente, o *marketing* é uma das principais ferramentas de vendas e de promoção em qualquer área. Portanto, não poderia ser diferente com o editorial de revista. Assim como o projeto gráfico, o *marketing* atua em estudos e pesquisas sobre o local em que a publicação está inserida. A cultura local, os valores e outras considerações são levados em consideração pelas propostas de *marketing*.

Medeiros, Vieira e Nogami (2014, p. 154) relatam que, para uma revista acadêmica:

> O mercado editorial permaneceu por muito tempo estabilizado. Até os anos 1990, antes da difusão da internet, era praticamente impossível imaginar que haveria algum momento na história em que as pessoas iriam a supermercados, lojas de confecções, de música, locadora de filmes, livrarias e outros, sem precisar sair de casa. Mas o avanço tecnológico permite inovações que podem desestabilizar a economia, bem como os mercados e as formas de troca. O movimento digital possibilitou o desenvolvimento do *e-commerce* como meio de realizar trocas e permitiu uma verdadeira "revolução" na estrutura dos mercados.
>
> A internet trouxe mudanças nas relações de trocas econômicas envolvendo produtos musicais, produtos da indústria cinematográfica e, no momento, tais mudanças impactam também os produtos do mercado editorial.

Atualmente, o *marketing* e o meio digital fazem parte do nosso dia a dia e impactam bastante o modo como vivemos. Torres (2018) afirma que o *marketing* está ligado às vendas, à comunicação, ao atendimento, à publicidade e à propaganda. Esses itens, como observado ao longo de nosso estudo, estão relacionados à revista e à sua produção. O designer deve interagir com o departamento de *marketing* e de vendas, a fim de obter informações de leitores e anunciantes. O departamento de vendas, por sua vez, deve estar conectado ao departamento de produção editorial. Todas as equipes devem estar interligadas, para alcançarem, em conjunto, bons resultados com a revista.

A inovação e as mudanças aparecem todos os dias na sociedade da informação. Temos muitas formas de obter informações, e as revistas impressas e digitais são um meio de selecionarmos o que queremos ler.

Após o surgimento da internet, vieram os sistemas de voz e de computador, os celulares com diversas funções e diversos aplicativos e a interação totalmente virtual. Nesse contexto, é possível afirmar que não existe distância para a comunicação, pois, em uma fração de segundos, podemos nos relacionar tanto com pessoas de outros países, como Estados Unidos e Japão, quanto com um familiar do interior do estado.

Esses avanços permitem estudar melhor o perfil do leitor que se deseja atingir e realizar ações segmentadas. Por exemplo, se no Bairro X a revista é pouco acessada, é possível, por meio da internet, realizar ações no comércio daquela região e, até mesmo, presencialmente, garantindo, assim, o aumento das vendas e do acesso às publicações. Ao mesmo tempo que formamos um todo, podemos estar segmentados. O avanço da internet também aumentou a concorrência, de tal modo que aqueles que não verificam seu público cotidianamente talvez não se mantenham no mercado.

Nesse contexto, nota-se que o consumidor também mudou. Hoje, temos "blogueiros(as)", que nada mais são do que promotores digitais que, em instantes, podem fazer seu produto vender mais do que o estimado. Dessa forma, a publicidade e a propaganda estão fortemente ligadas aos novos consumidores. As formas antiga e digital estão em todos os lugares, não importando a plataforma de divulgação.

Torres (2018) relata, em seu livro, quem é o consumidor digital e quais são suas premissas. Informa também que esse público consumidor está dividido em grupos. Por exemplo, há cidades em que há internet no celular, mas não há televisão digital. É nesse contexto que surgem esses grupos. O autor relata, ainda, que o consumidor, na busca de informação, sabe quais *sites* e empresas buscar nos localizadores digitais, como o Google.

Uma música e um filme no YouTube ou uma imagem e um visual de roupa no Instagram estão cada dia mais atrelados uns aos outros. Você abre uma rede social como o Instagram e acrescenta uma foto que pode ser replicada no Facebook e no WhatsApp, assim como pode gerar um vídeo com informação nos aplicativos e publicar no YouTube. Trata-se de uma conexão que temos de acompanhar.

O *marketing*, nesse cenário, apresenta dados que medem os consumidores/leitores, criando regras de comunicação. Por exemplo, se alguém publica um produto de que dois ou três indivíduos não gostam, eles podem influenciar os demais. Quando se nota, já há grupos contra aquela publicação e, consequentemente, contra o produto – ou seja, foi criada uma regra contra aquela postagem em determinado grupo. Quando isso ocorre, o *marketing* que fez essa primeira inserção deve enviar outra publicação, para que a anterior não interfira no desempenho do produto. No editorial de revista não é diferente: às vezes, utiliza-se parte do texto publicado nas redes para chamar a atenção do leitor para as versões impressa e digital. Esse conceito de busca por parte dos consumidores transformou nossa era em uma questão de entender os dados.

PARA SABER MAIS

Para conhecer melhor o futuro do *marketing*, confira, no vídeo a seguir, a fala de Paulo Faustino sobre o conceito de meio digital, qual é a mudança de paradigma pela qual esse conceito está passando e o que as empresas realizam nesse meio. Ele ainda relata que a internet se tornou mais confiável do que o produto em si, concluindo que, para o *marketing* digital, é essencial compreender os dados e as redes.

FAUSTINO, P. O futuro do marketing digital – Paulo Faustino – TEDxMatosinhos. **TEDx Talks**, 14 nov 2018. Disponível em: <https://www.youtube.com/watch?v=vdePuRLJRtA>. Acesso em 26 abr. 2022.

6.5 Inovação

Sob a ótica da inovação, o designer tem uma importância ímpar, já evidenciada em outros capítulos. Todos os dias esse profissional precisa buscar informações, conceitos novos e mudanças, tudo isso com criatividade. Como relatamos anteriormente, o *marketing* usa a inovação como ferramenta para buscar melhores resultados entre os consumidores. Essa inovação está presente nas criações, nas tecnologias, nos produtos e nos conceitos.

Um bom exemplo de inovação é o do ventilador Spirit. A empresa contratou um designer para reformular o produto. Criado em 2001, foi considerado um dos melhores produtos nacionais e internacionais. A empresa, fabricante de fitas cassetes – produto que, na época, já se tornava obsoleto –, queria recuperar a importância de seu negócio. Assim, contratou o designer Guto Índio da Costa para que estudasse um produto que fosse produzido em suas máquinas cassetes. O designer e sua equipe, por meio de pesquisas, ideias e testes, desenvolveram o ventilador. O sucesso foi iminente e mantém a empresa até hoje. De acordo com o *site* da empresa, trata-se de uma organização que sempre aposta em inovação (Container, 2014; Spirit, 2022).

Os conceitos de reaproveitar, reutilizar e inovar servem para que possamos aproveitar todo o processo editorial ao máximo, desde o texto para uma matéria até a forma do conceito do design.

A inovação, na era do conhecimento, é considerada em todas as etapas do produto e do processo.

Tipos de inovação

- **Produto** – como acontece no exemplo dos ventiladores.
- **Serviço** – por exemplo, os apps de entrega de comida.
- **Processo** – aplica-se a uma produção, a uma etapa ou a uma fase de atuação.
- **Organização** – novamente, aplica-se aos exemplos dos ventiladores, em que houve a mudança de segmento.
- **Marketing** – assunto abordado na Seção 6.4.

No design de revista, a inovação está presente no projeto, na interface de comunicação, na forma de criação do projeto etc. Um exemplo deste último é o *design thinking*.

A inovação em processo está na forma de concepção, no visual da informação e, até mesmo, na utilização. O papel reciclado, por exemplo, foi um agente de inovação e mudança em determinada época. Hoje, pensamos em inovação o tempo todo, seja para atrair o consumidor, seja para informá-lo.

6.6 Sustentabilidade

Nota-se, na mídia, o uso do termo *ecodesign*, que se refere a projetos de design aliados à sustentabilidade, podendo ser conceituais e físicos. Manzini e Vezzolli (2005) entendem que o termo inglês *design* diz respeito a atividades projetuais do design gráfico, passando pela arquitetura e pelo setor de serviços – ou seja, há ampla aplicação do conceito.

A concepção de *sustentabilidade ambiental* surgiu por volta de 1987 e se transformou em metas a serem alcançadas. Para atingir esses objetivos, é preciso atuar sobre algumas bases, como utilizar recursos renováveis – por exemplo, a luz solar e a energia eólica. É necessário, também, cuidados com relação à questão do lixo. No Brasil, pouco se vê no que diz respeito a mudanças em prol da sustentabilidade. Por exemplo, todos têm direito ao saneamento básico, mas não é isso o que acontece na prática. Observamos, nas considerações de Manzini e Vezzolli (2005, p. 31), um questionamento sobre o desenvolvimento sustentável:

> A perspectiva da sustentabilidade põe em discussão nosso modelo atual de desenvolvimento. Nos próximos decênios, devemos ser capazes de passar de uma sociedade em que o bem-estar e a saúde econômica [...] são medidas em termo de crescimento da produção e do consumo de matéria-prima, para uma sociedade em que seja possível viver melhor consumindo (muito) menos e desenvolver a economia reduzindo a produção de produto materiais.

Para o designer, principalmente o gráfico, que é nosso objeto de estudo, o uso do papel branco pode ser substituído pelo papel reciclável, que demanda menos corte de árvores e menos etapas de produção com agentes químicos, como mencionamos no Capítulo 3.

A revista pode, com isso, aplicar o *ecodesign* na sua concepção de produção. Por exemplo, se as provas forem digitais, é possível economizar uma parte da impressão, principalmente as folhas que seriam descartadas. Já na concepção do projeto gráfico, a escolha do formato de papel correto para impressão evita desperdício, de modo a gerar menos custos e descartes desnecessários de papel. Também, é importante optar por gráficas com certificações de controle de impacto ao meio ambiente, uma vez que esse tipo de empresa atua com produtos químicos.

Outro impacto importante é provocado pelas revistas que não foram vendidas. Muitas gráficas, em parceria com pontos de descarte legais, fazem esse processo de reciclagem. As editoras podem cuidar para que as revistas não vendidas sejam descartadas corretamente, participando do princípio do ecossistema.

Manzini e Vezzoli (2005) esclarecem que a transição para a sustentabilidade é feita por escolhas: também somos agentes de transformação e devemos descartar materiais corretamente, bem como utilizar o design para reutilizar os materiais inutilizados. E o papel, matéria-prima da revista impressa, pode ser reutilizado indefinidamente.

PARA SABER MAIS

O texto a seguir apresenta uma reflexão acerca do design e de suas práticas na busca da sustentabilidade.

RANGEL, A. P. **Ambiente e desenvolvimento sustentável para designers gráficos**. Disponível em: <https://www.academia.edu/1313659/Ambiente_e_Desenvolvimento_Sustent%C3%A1vel_para_designers_gr%C3%A1ficos>. Acesso em: 26 abr. 2022.

Como vimos em capítulo anteriores, o papel surgiu na China, mas há divergências quanto ao ano. É um produto natural, obtido de recursos renováveis. O início de vida do papel se inicia com o plantio do eucalipto, que leva até sete anos para atingir a idade de corte. A principal matéria-prima do papel é a celulose, que é obtida a partir de fibras celulósicas retiradas do eucalipto. Após serem cortadas, as toras de eucalipto são submetidas a processos que as transformam em uma pasta, que será submetida a um processo de branqueamento. Em seguida, é feita a secagem, resultando em uma folha contínua de celulose que será cortada em pedaços e transportada até a produção de papel. Depois da finalização, o papel será embalado e enviado para o uso. Na sequência, vêm as empresas que utilizam o papel como matéria-prima para a produção de embalagens, de cadernos, de materiais gráficos em geral, de produtos de higiene etc. No processo antigo, o ciclo de produção terminaria aqui; hoje, mudanças nos hábitos dos consumidores trouxeram a reciclagem para o ciclo de vida do papel.

Grande parte do papel não é mais descartado em lixo comum, visto que sua reciclagem se tornou uma fonte rica de comercialização e de *marketing*. Quando apresenta impressão, é menos interessante para a reciclagem, pois os produtos químicos dificultam o processo. Isso significa que um ciclo de vida mais limpo não se concretiza. Tudo isso envolve estudos amplos e diversos. Citamos, a seguir, um exemplo de estudo que gerou inovação, tecnologia e reciclagem: o desenvolvimento do copo de papel. Conforme relata Strapassom (2019, p. 16):

> O copo de papel consiste de papel cartão e uma fina camada de plástico como revestimento que previne contra vazamentos e absorção do líquido pelo material.
>
> Copos descartáveis podem ser utilizados para bebidas quentes ou geladas e ser encontrados no mercado com uma camada interna de revestimento ou com revestimento

interno e externo, assim como estão disponíveis em diferentes tamanhos e [sic] impressos ou não. [...]

Os copos descartáveis a base de papel podem ser encontrados em diversos modelos [...].

A base desses copos é o papel cartão, que confere maior dureza, maior facilidade à obtenção da forma do copo, maior durabilidade e maior poder de impressão. Há também cientistas que pesquisam outros materiais que possam substituir o plástico na fabricação de copos. Strapassom (2019, p. 38-43) indica as condições que os possíveis materiais de copos devem satisfazer:

3.5.1 Barreira à Água

A barreira à água pode ser mensurada através da quantidade de água absorvida pelo papel em um tempo especificado e em condições padronizadas.

[...]

3.5.2 Barreira ao Vapor d'Água

Para mensurar a barreira a vapor d'água, mede-se a taxa de transmissão de vapor de água [...].

[...]

3.5.3 Ausência de Sabor e Odor

Os testes de sabor e odor são realizados através de análise sensorial, que é a sensação subjetiva pelos órgãos dos sentidos realizada por um grupo de avaliadores.

[...]

3.5.4 Interação com o Meio Ambiente

[...] o termo biodegradável se refere ao material capaz de se degradar e produzir dióxido de carbono, metano, água, compostos inorgânicos ou biomassa, sendo o mecanismo predominante a ação enzimática de microrganismos, que pode ser medida por testes padronizados, em um período especificado de tempo.

Existem diferentes classes de plásticos degradáveis [...].

[...]

3.5.5 Resistência à Flexão

A resistência à flexão descreve a capacidade do material de resistir a uma força de flexão aplicada [...].

[...]

3.5.6 Segurança no Contato com Alimentos

A definição de que uma embalagem é segura para entrar em contato com alimentos depende basicamente de duas situações: migração de substância perigosa da embalagem para o alimento e nível de contaminação microbiológica da embalagem.

[...]

3.5.7 Condutividade Térmica

A condutividade térmica é fundamental para as embalagens destinadas ao uso com alimentos quentes ou frios.

Concluímos, portanto, que o design e a sociedade estão interligados pela busca do equilíbrio no uso de recursos do meio ambiente. Atitudes simples no cotidiano já fazem parte dessa mudança. Alguns autores relatam que a internet ajuda na questão ambiental: nesse sentido, substituir a revista impressa pela digital seria um forte ponto positivo. Ainda assim, isso é algo controverso, pois ter mais aparelhos eletrônicos demanda uma produção maior de energia elétrica. Nossa matriz energética, por exemplo, aposta no sistema hidrelétrico, que não é totalmente limpo. Esses são pontos a serem estudados. Portanto, você, leitor, pode, sim, ler mais, obter mais conhecimento sobre o assunto e propor, nos seus projetos, novos conceitos e novas artes, pensando na sustentabilidade e sugerindo melhorias nos processos que já conhece.

6.7 Revistas que sofreram mudanças com o tempo

Algumas revistas vêm sofrendo mudanças com o tempo. Como mencionamos, as mudanças tecnológicas acontecem todos os dias, e isso ocorre também no sentido de conquistar novos públicos. A revista *Época*, por exemplo, em 2018, apresentou um novo conceito editorial e um novo projeto gráfico.

O novo projeto gráfico é assinado pelos designers Claudia Warrak e Raul Loureiro, que desenharam, igualmente, o novo logotipo da marca, que é mais simples e direto. A tipografia escolhida oferece mais texto por página, ao passo que o *layout* promete ajudar a distinguir as páginas editoriais das publicitárias. A fotografia ganhou mais importância, seja individualmente, seja nos ensaios.

Outra empresa que revolucionou o projeto gráfico de suas publicações foi a editora da revista *Casa e Jardim*. Esse periódico é dedicado às questões conceituais e à prestação de serviços do universo doméstico. Basicamente, trata-se de um catálogo que, ao fim, contém algumas ofertas de serviços.

Conforme destacamos anteriormente, a forte mudança da tecnologia referente ao processo de produção de uma revista, aliada ao *marketing*, resultou, em agosto de 2018, na descontinuidade de algumas revistas da Editora Abril. A notícia informa a descontinuidade de alguns títulos: *Cosmopolitan*, *Elle*, *Boa Forma*, *Mundo Estranho*, *Arquitetura*, *Casa Claudia*, *Minha Casa*, *Veja RIO* e *Bebe.com* (Abril..., 2018).

PARA SABER MAIS

Para ler a notícia completa sobre as revistas da Editora Abril que foram descontinuadas, acesse a matéria a seguir. Ela foi publicada em um canal de informação respeitado, o *site* Meio e Mensagem (que já foi jornal e revista e, até hoje, é conceituado nos mercados publicitário e informativo).

ABRIL encerra nove marcas; Veja, Exame e Claudia ficam. **Meio e Mensagem**, 6 ago. 2018. Disponível em: <https://www.meioemensagem.com.br/home/ultimas-noticias/2018/08/06/abril-encerra-dez-titulos-veja-exame-e-claudia-ficam.html>. Acesso em: 26 abr. 2022.

Outra revista em que houve mudanças foi a *Metal Metânica*, publicada pela Editora Ipesi. Essa é uma revista segmentada da área de mesmo nome e das áreas de eletrônica e informática. Por volta de 2007, o crescimento do mercado digital fez com que a revista se tornasse cada vez mais digital. A versão impressa vinha sofrendo grande redução, em virtude do segmento que representa. Assim, foi lançada no mercado digital de forma tímida, com somente alguns textos, e, atualmente, voltou a ser uma referência de informação nas redes.

SÍNTESE

Neste último capítulo, tratamos um pouco mais das revistas digitais e científicas, que são importantes para a divulgação de descobertas. Demonstramos, ainda, como o departamento de *marketing* é essencial para a distribuição, as vendas e o entendimento do consumidor por meio da análise de bancos de dados – os tão comentados *big datas*. É sempre importante conhecer todas as fases de produção da revista, e o *marketing* é interessante para descobrirmos se uma revista pode ser uma publicação vendável e se realiza, efetivamente, o serviço de informar.

Apresentamos, também, exemplos de revistas que se mudaram do meio impresso para o digital e que, nesse processo, transformaram seu *layout* para acompanhar a atualidade. Essas mudanças foram realizadas com base nos leitores, na tecnologia, nas projeções futuras e na comunicação. Além disso, indicamos que algumas revistas tiveram sua impressão descontinuada, processo que está fortemente ligado ao *marketing*.

Por fim, abordamos a importância de pesquisas com projetos mais sustentáveis, capazes de deixar o processo produtivo mais condizente com as demandas do meio ambiente.

CONSIDERAÇÕES FINAIS

Os temas abordados nesta obra buscam qualificar o designer no que se refere ao seu significado dentro do contexto do design editorial de revista. No primeiro capítulo, introduzimos a história do design, da arte e da comunicação. Na sequência, demos enfoque ao projeto gráfico, à produção gráfica, à função do editorial, à figura do editor e ao papel do texto na formação de uma revista. Até o Capítulo 4, buscamos demonstrar a importância da arte na formação humana, considerando-se a necessidade dos indivíduos de se expressar por meio de textos e imagens.

No Capítulo 5, dedicamo-nos aos sistemas de pré-impressão e seus processos. Tratamos dos sistemas de impressão e de acabamento e, posteriormente, apresentamos as etapas de entrega e de distribuição, importantes na formação do projeto em sua totalidade, visando trazer inovação a ele. Já no Capítulo 6, introduzimos um tema da atualidade: a produção de revistas digitais comerciais e científicas. Aqui, é válido destacar que também houve um aumento na produção desse tipo de revista em virtude do contexto atual, marcado pela pandemia da covid-19.

Conforme demonstramos ao longo desta obra, o designer gráfico profissional tem inúmeras possibilidades e elementos para compor sua arte e, assim, criar um projeto de uma revista – seja em sua totalidade, seja em partes –, sendo um enorme desafio garantir a informação ao leitor por meio de recursos visuais. Essa composição visual não é elaborada de forma aleatória, e sim com um conceito e um conteúdo que auxiliam nesses processos apresentados em etapas. Esse processo de montagem de uma revista é realizado, atualmente, por meio de *softwares*, como o InDesign.

Para elucidar o processo que envolve uma revista, optamos por referenciar um pouco do conteúdo de *marketing* e suas premissas, além de mencionar a questão da sustentabilidade, uma vez que todos nós somos agentes no processo do ciclo de vida sustentável. Indicamos a relevância dos processos de impressão e acabamento e do formato digital, a fim de conferir quais são os tipos mais utilizados e quais são os mais indicados para a produção de uma revista de qualquer segmento. Além disso, apontamos a importância da distribuição e da entrega da qualidade do produto, visto que uma de suas funções é garantir que o consumidor da revista receba um produto bonito e adequado.

Encerramos esta obra com o objetivo principal de formar profissionais da área editorial no que tange à produção gráfica e digital. Cabe a você, leitor, continuar sua busca por novos conhecimentos, novas leituras e novos formatos, atuando sempre em prol de uma sociedade melhor, mais justa e igualitária.

REFERÊNCIAS

ABRIL encerra nove marcas; Veja, Exame e Claudia ficam. **Meio e Mensagem**, 6 ago. 2018. Disponível em: <https://www.meioemensagem.com.br/home/ultimas-noticias/2018/08/06/abril-encerra-dez-titulos-veja-exame-e-claudia-ficam.html>. Acesso em: 26 abr. 2022.

ADOBE. **Layouts incríveis, somente com o InDesign**. Disponível em: <https://www.adobe.com/br/products/indesign.html#:~:text=O%20Adobe%20InDesign%20%C3%A9%20o,com%20o%20Adobe%20Experience%20Manager.>. Acesso em: 11 mar. 2022a.

ADOBE. **O que é o Publish Online?** 14 jan. 2022b. Disponível em: <https://helpx.adobe.com/br/indesign/using/publish-online.html#:~:text=Ap%C3%B3s%20publicar%20seus%20documentos%2C%20voc%C3%AA,em%20qualquer%20dispositivo%20ou%20plataforma.>. Acesso em: 11 mar. 2022.

ALENCAR, C. B. de; SANTOS, M. L. U. **Em branco**: projeto editorial para revista digital com a temática de design gráfico. 120 f. Trabalho de conclusão de curso (Graduação em Design Gráfico) – Universidade Tecnológica Federal do Paraná, Curitiba, 2014. Disponível em: <https://repositorio.utfpr.edu.br/jspui/bitstream/1/13768/3/CT_CODEG_2014_2_02.pdf.pdf>. Acesso em: 11 mar. 2022.

ANJ – Associação Nacional de Jornais. **Bibliografia – História da Imprensa no Brasil**. Disponível em: <https://anj.org.br/site/servicos/menindjornalistica/107-historia-do-jornal-no-brasil/737-bibliografia-historia-da-imprensa-no-brasil.html>. Acesso em: 11 set. 2020.

APESAR de queda geral, revistas crescem em digital. **Meio e Mensagem**, 19 mar. 2018. Disponível em: <https://www.meioemensagem.com.br/home/ultimas-noticias/2018/03/19/apesar-de-queda-geral-revistas-crescem-em-digital.html>. Acesso em: 25 abr. 2022.

ASSUMPÇÃO, M. E. O. O.; BOCCHINI, M. O. **Para escrever bem**. São Paulo: Manole, 2002.

BAER, L. **Produção gráfica**. 2. ed. São Paulo: Senac, 1999.

BOMFÁ, C. R. Z.; CASTRO, J. E. E. Desenvolvimento de revistas científicas em mídia digital: o caso da Revista Produção Online. **Ciência da Informação**, Brasília, v. 33, n. 2, p. 39-48, maio/ago. 2004. Disponível em: <http://old.scielo.br/scielo.php?pid=S0100-19652004000200004&script=sci_arttext>. Acesso em: 13 jul. 2022.

CAMARGO, A. R. Tipografia Nacional. **MAPA − Memória da Administração Pública Brasileira**, 11 nov. 2016. Disponível em: <http://mapa.an.gov.br/index.php/menu-de-categorias-2/347-tipografia-nacional>. Acesso em: 10 set. 2020.

CARDOSO, J. L.; GOMES, M. V. Zagaias do Paleolítico Superior de Portugal. **Portvgalia**, Nova Série, v. XV, 1994. Disponível em: <https://repositorioaberto.uab.pt/bitstream/10400.2/3845/1/1994,%20Zagaias%20do%20Paleol%C3%ADtico%20Superior%20de%20Portugal.pdf>. Acesso em: 11 mar. 2022.

CARDOSO, R. **Uma introdução à história do design**. São Paulo: Edgar Blücher, 2000.

CARISTE, W. **Montagem editorial**: imposição de cadernos para livros e revistas. São Paulo: Senai, 1998.

COMO surgiram as revistas? **Superinteressante**, 18 abr. 2011. Disponível em: <https://super.abril.com.br/mundo-estranho/como-surgiram-as-revistas/>. Acesso em: 11 mar. 2022.

CONTAIFER, J. Na série Ícones do consumo: o ventilador Spirit, do designer Guto Índio da Costa. **Correio Brasiliense**, 3 mar. 2014. Disponível em: <https://correiobraziliense.lugarcerto.com.br/app/noticia/show-room/2014/03/03/interna_showroom,48028/na-serie-icones-do-consumo-o-ventilador-spirit-do-designer-guto-indi.shtml>. Acesso em: 12 jul. 2022.

DENIS, R. C. **Uma introdução à história do design**. São Paulo: Edgar Blucher, 2000.

DIANA, D. **Produção de textos – como começar?** Disponível em: <https://www.todamateria.com.br/producao-de-textos-como-comecar/>. Acesso em: 11 mar. 2022.

EDITORA GLOBO. **História da Editora Globo**. 2010. Disponível em: <http://editoraglobo.globo.com/historia.htm>. Acesso em: 6 set. 2020.

FERNANDES, C. **Escola de arte Bauhaus**. Disponível em: <https://mundoeducacao.uol.com.br/artes/escola-arte-bauhaus.htm>. Acesso em: 11 mar. 2022.

FUKS, R. **Arte gótica**. Disponível em: <https://www.culturagenial.com/arte-gotica/>. Acesso em: 11 mar. 2022.

GODOI, R. C. de. **Um editor no Império**: Francisco de Paula Brito (1809-1861). 316 f. Tese (Doutorado em História) – Universidade Estadual de Campinas, Campinas, 2014. Disponível em: <http://repositorio.unicamp.br/bitstream/REPOSIP/281161/1/Godoi_RodrigoCamargode_D.pdf>. Acesso em: 5 set. 2020.

GRIGOLETTO, I. C. B. **Reaproveitar e reciclar o papel**: proposta de conscientização da preservação ambiental. 42 f. Monografia (Especialização em Preservação Ambiental) – Universidade Federal de Santa Maria, Santa Maria, 2011. Disponível em: <https://repositorio.ufsm.br/bitstream/handle/1/1897/Grigoletto_Izabel_Cristina_Berger.pdf>. Acesso em: 11 mar. 2022.

GRUPO ABRIL. **História do Grupo Abril**. Disponível em: <https://grupoabril.com.br/quem-somos/historia/>. Acesso em: 6 set. 2020.

GRUPO ABRIL. Primeira revista da Editora Abril. **Instagram**. Disponível em: <https://www.instagram.com/grupoabril/>. Acesso em: 11 mar. 2022.

HOFFBAUER, D. Francisco de Paula Brito. **MAPA – Memória da Administração Pública Brasileira**, 10 set. 2018. Disponível em: <http://mapa.an.gov.br/index.php/publicacoes2/70-biografias/574-francisco-de-paula-brito>. Acesso em: 11 mar. 2022.

ISSA, N. M. K. I. **Word 2010**. 2. ed. São Paulo: Senac, 2012.

LANDIM, P. da C. **Design, empresa, sociedade [online]**. São Paulo: Unesp; Cultura Acadêmica, 2010.

MANZINI, E.; VEZZOLI, C. **O desenvolvimento de produtos sustentáveis**: os requisitos ambientais dos produtos industriais. São Paulo: Edusp, 2005.

MARINHO, F. **Literatura de cordel**. Disponível em: <https://brasilescola.uol.com.br/literatura/literatura-cordel.htm>. Acesso em: 11 mar. 2022.

MARQUES, C. D. A arte rupestre. **Monções**, Campo Grande, v. 3, n. 4, p. 21-36, 2016. Disponível em: <https://periodicos. ufms.br/index.php/moncx/article/view/3126>. Acesso em: 11 mar. 2022.

MARTINS, R. M. **RDT – Radiotransmissão**. São José: IFSC, 2015. 76 slides. Disponível em: <https://wiki.sj.ifsc.edu. br/images/9/9b/2.1IFSC_Integrado_RDT_2015_1.pdf>. Acesso em: 21 jul. 2022.

MEDEIROS, J.; VIEIRA, F. G. D.; NOGAMI, V. K. da C. A construção do mercado editorial eletrônico no Brasil por meio de práticas de marketing. **RAM – Revista de Administração Mackenzie**, São Paulo, v. 15, n. 1, p. 152-173, jan./fev. 2014. Disponível em: <https://www.scielo. br/pdf/ram/v15n1/a07v15n1.pdf>. Acesso em: 26 abr. 2022.

MÓDOLO, C. M. Infográficos: características, conceitos e princípios básicos. In: CONGRESSO BRASILEIRO DE CIÊNCIAS DA COMUNICAÇÃO DA REGIÃO SUDESTE, 12., 2007, Juiz de Fora. **Anais...** Intercom, 2007. Disponível em: <http://www.intercom.org.br/papers/ regionais/sudeste2007/resumos/r0586-1.pdf>. Acesso em: 11 mar. 2022.

MORENO, P. S. R. **A aceitação pelo consumidor por um produto de papel reciclado**. 95 f. Dissertação (Mestrado em Desenvolvimento Regional e Meio Ambiente) – Centro Universitário de Araraquara, Araraquara, 2007. Disponível em: <https://www.uniara.com.br/arquivos/file/ppg/desenvol vimento-territorial-meio-ambiente/producao-intelectual/ dissertacoes/2007/paulo-sergio-rosalin-moreno.pdf>. Acesso em: 11 mar 2022.

MORENVAL, P. P. N. **Análise da diferença de cor entre exemplares de cores Munsell**. 78 f. Dissertação (Mestrado em Engenharia) – Faculdade de Engenharia Química da Universidade Estadual de Campinas, Campinas, 2007. Disponível em: <http://repositorio.unicamp.br/jspui/bitstream/REPOSIP/266265/1/Morenval_PatriciaPadilhaNunes_M.pdf>. Acesso em: 30 set. 2020.

NIEMEYER, L. **Design no Brasil**: origens e instalação. 2. ed. Rio de Janeiro: 2AB, 1998.

OLESQUE, L. C. **Arte rupestre**. Disponível em: <https://www.infoescola.com/artes/arte-rupestre/>. Acesso em: 11 mar. 2022.

PRINTI. **Formatos de papel para impressão na gráfica**. Disponível em: <https://youtu.be/vgc_6sZqBWU>. Acesso em: 27 set. 2020.

PROENÇA, G. **História da Arte**. 16. ed. São Paulo: Ática, 1998.

RIBEIRO, M. **Planejamento visual gráfico**. 7. ed. Brasília: LGE, 1998.

SANTAELLA, L. **O que é semiótica**. São Paulo: Brasiliense, 1983. (Coleção Primeiros Passos).

SANTOS, A. M. dos. Gutemberg: a era da imprensa. **Percepções**, Caçador, v. 1, n. 1, p. 14-23, jan./jun. 2012. Disponível em: <http://periodicos.uniarp.edu.br/index.php/percepcoes/article/view/25/81>. Acesso em: 11 mar 2022.

SANTOS. M. A. L. dos; NEVES, A. F.; NASCIMENTO, R. A. do. Simetrias na impressão offset. **Graphica**, Curitiba, 2007. Disponível em: <http://www.exatas.ufpr.br/portal/docs_degraf/artigos_graphica/SIMETRIAS.pdf>. Acesso em: 11 mar. 2022.

SILVA, C. C.; MARTINS, R. de A. A teoria das cores de Newton: um exemplo do uso da história da ciência em sala de aula. **Ciência & Educação**, v. 9, n. 1, p. 53-65, 2003. Disponível em: <https://www.scielo.br/pdf/ciedu/v9n1/05.pdf>. Acesso em: 22 mar. 2022.

SPIRIT BLOG. Disponível em: <http://blog.myspirit.com.br/>. Acesso em: 12 jul. 2022.

STRAPASSON, D. **Desenvolvimento de copo de papel de baixa densidade, degradável e fabricado com matérias-primas renováveis**. 76 f. Dissertação (Mestrado em Engenharia e Ciências de Materiais) – Universidade Estadual de Ponta Grossa, Ponta Grossa, 2019. Disponível em: <https://tede2.uepg.br/jspui/bitstream/prefix/3094/1/Diogo%20Strapasson.pdf>. Acesso em: 26 abr. 2022.

STUMPF, I. R. C. Passado e futuro das revistas científicas. **Ciência da Informação**, Brasília, v. 25, n. 3, set./dez. 1996. Disponível em: <http://revista.ibict.br/ciinf/article/view/637/641>. Acesso em: 25 abr. 2022.

TORRES, C. **A bíblia do marketing digital**: tudo o que você queria saber sobre marketing e publicidade na internet e não tinha a quem perguntar. São Paulo: Novatec, 2018.

UVPack. **Hot Stamping**. Disponível em: <http://uvpack.com.br/2015/servicos/hot-stamping/>. Acesso em: 11 mar. 2022.

VALENTE, I. F. P. **Design editorial aplicado a revistas**: revista de design gráfico português. 242 f. Dissertação (Mestrado em Design de Comunicação) – Faculdade de Arquitetura da Universidade de Lisboa, Lisboa, 2017. Disponível em: <https://www.repository.utl.pt/handle/10400.5/15431>. Acesso em: 11 mar. 2022.

VASCONCELOS, R. A. S. M. **O valor dos objetos**: um estudo da cultura material a partir de momentos de ruptura na evolução do design. 111 f. Dissertação (Mestrado em Design de Equipamento) – Faculdade de Belas Artes da Universidade de Lisboa, Lisboa, 2012. Disponível em: <https://repositorio.ul.pt/bitstream/10451/9392/2/ULFBA_TES642.pdf>. Acesso em: 11 mar. 2022.

SOBRE
A AUTORA

Erika Amaro Rocha é designer formada pelo Centro Universitário das Faculdades Metropolitanas Unidas (UniFMU), cursando Pedagogia na Anhembi Morumbi; técnica em Artes Gráficas, Celulose e Papel pelo Serviço Nacional de Aprendizagem Industrial (Senai) Theobaldo de Nigris; e pós--graduada em Formação de Docentes para o Ensino Superior pela Universidade Nove de Julho (Uninove). Atua há 20 anos em empresas nacionais e multinacionais nas áreas gráfica e editorial e em agências de comunicação, além de ter experiência como docente no Serviço Nacional de Aprendizagem Comercial de São Paulo (Senac-SP), *freelance* em empresas Editechs e analista educacional na Universidade Virtual do Estado de São Paulo (Univesp). Também participou da implementação de programas de qualidade como ISO, voltados à qualidade de processos e produto. Atuou, ainda, no treinamento e na gestão de estagiários e participou de eventos como bienais, palestras e aulas. Atualmente, é tutora do grupo Ânima, que inclui a Universidade Anhembi Morumbi, nos cursos de Design e Comunicação.

✳

Os livros direcionados ao campo do Design são diagramados com famílias tipográficas históricas. Neste volume foram utilizadas a **Baskerville** – desenhada pelo inglês John Baskerville em 1753, que inovou trazendo floreios da caligrafia para a tipografia – e a **Futura** – lançada pelo alemão Paul Renner em 1927 em harmonia com os ideais da Bauhaus.

Impressão:
Julho/2022